教育信息技术与高中数学课堂教学有机融合

霍文杰　李洪芳　舒敬宇◎著

山西出版传媒集团　山西人民出版社

图书在版编目（CIP）数据

教育信息技术与高中数学课堂教学有机融合 / 霍文杰，李洪芳，舒敬宇著. -- 太原 : 山西人民出版社，2023.7

ISBN 978-7-203-12831-1

Ⅰ．①教… Ⅱ．①霍… ②李… ③舒… Ⅲ．①信息技术－应用－中学数学课－课堂教学－教学研究－高中 Ⅳ．①G633.602

中国国家版本馆 CIP 数据核字（2023）第 139496 号

教育信息技术与高中数学课堂教学有机融合

著　　者：霍文杰　李洪芳　舒敬宇
责任编辑：席　青
复　　审：李　鑫
终　　审：梁晋华
装帧设计：博健文化

出 版 者：山西出版传媒集团·山西人民出版社
地　　址：太原市建设南路 21 号
邮　　编：030012
发行营销：0351 - 4922220　4955996　4956039　4922127（传真）
天猫官网：https://sxrmcbs.tmall.com　电话：0351 - 4922159
E - mail：sxskcb@163.com　发行部
　　　　　sxskcb@126.com　总编室
网　　址：www.sxskcb.com

经 销 者：山西出版传媒集团·山西人民出版社
承 印 厂：廊坊市源鹏印务有限公司

开　　本：787mm×1092mm　　1/16
印　　张：11.25
字　　数：253千字
版　　次：2024 年 6 月　第 1 版
印　　次：2024 年 6 月　第 1 次印刷
书　　号：ISBN 978-7-203-12831-1
定　　价：88.00 元

如有印装质量问题请与本社联系调换

前　言

随着我国教育技术的不断发展，信息技术的应用范围逐步广泛，信息技术在高中数学教学中起到了极为重要的作用。高中数学是一门理科思维极强的学科，它不仅要有很强的逻辑性，还要有整合性，因此，教师在教学高中数学知识点时，可以根据对课时内容的把握和对学情的分析，适当应用信息技术，促使学生能够在良好的教学氛围中增强对知识吸收的能力，这样有利于将数学抽象、枯燥的知识具体化、生动化，从而促进学生提升数学综合素质。

笔者撰写了《教育信息技术与高中数学课堂教学有机融合》一书，在内容编排上共设置六章：第一章作为本书论述的基础和前提，主要阐释现代教育信息技术的基础知识、高中数学教学特征及其价值意义、现代教育技术在高中数学教学中的作用；第二章是教育信息技术与高中数学教学的课程整合，内容涵盖信息技术与课程整合的内涵特点、信息技术与高中数学课程整合的思考、新课标下高中数学教学与现代教育技术的整合、现代教育技术与高中数学课程资源的整合；第三章分析基于信息技术的高中数学课堂改革、高中数学课堂教学及其有效教学设计、高中数学问题驱动型课堂的有效教学、教育信息技术融入教学情境创设的有效策略、信息技术与高中数学课堂教学整合的有效性；第四、五章论述教育信息技术与高中数学课堂教学的方法与创新模式；第六章围绕信息技术促进教师专业化发展的实践、信息技术在高中数学教学中的有效应用、基于教育云平台的高中数学课堂教学实践、多种信息技术助力高中数学教学的实践进行研究。

全书结构科学、论述清晰，力求达到理论与实践相结合，让读者在学习基本方法和理论的同时，注重感悟数学的思维、理念和精神，推动课堂教学活动顺利进行，希望对数学教育活动开展提供帮助。

本书在撰写时参考了很多相关专家的研究文献，也得到了许多专家和老师的帮助，在此真诚地表示感谢。虽然在成书过程中，作者翻阅了无数资料，进行了多次修改与校验，但限于作者水平，书中难免会有疏漏，恳请广大读者批评指正。

目　录

第一章

教育信息技术与高中数学的理论审视

第一节　现代教育信息技术的解读

一、现代教育信息技术的相关联系

当今正进入一个信息化的时代，以计算机为核心的信息技术在教育领域的应用已成为现代教育技术发展的主流，并伴随着世界各国教育信息化的进程已经对教育产生了深刻的影响，教育正面临着思想、体制、内容及形式等方面的变化。教育技术是应用系统方法来分析和解决人类学习问题、研究和实践教育中"如何做"的问题，针对以计算机为核心的信息技术在教育、教学领域的运用，从设计、开发、利用、管理和评价等方面做理论和实践上的探索。

（一）教育技术、信息技术与教育改革

信息技术与现代教育理论的结合，已经和正在引发人类教育行为方式的一场革命，具体表现为三方面：首先，教学方法更加符合学生的学习需要和学习特点；其次，家庭教育、社会教育的形式、内容及手段也将发生变化，教与学的组织形式更加灵活多样；最后，在系统理论、教学理论广泛参与下的现代教育媒体的应用，促使人们对许多教育教学问题重新思考，如学习资源、学习过程、教育内容、教育方法等。而且，随着现代教育技术的不断发展，也促进了现代教育理念（大教育观、学生主体观、教师主导观、教育媒体观、终身教育观等）的形成。

"教育现代化包括教育思想、内容、方法、手段、设施、管理等方面的现代化，而教

育技术的应用对我国教育现代化进程产生极大的影响"①。首先，学校教育正实现着教学内容的数字化、教学媒体的交互化、教材编制的软件化、教学过程的智能化、教学媒体操作的简便化、信息获取的网络化、教学场所的全球化等，因而教师在教育教学过程中的主导性更加重要；教师的"教"与学生的"学"在一定程度上融为一体；教学组织形式将更加灵活、趋于综合化和多样化；教学的时空范围将扩展。其次，家庭教育和社会教育将得到加强和完善。再次，终身教育将成为人们的共识，现代教育传播手段将提高人们的学习效率。对各种现代教育媒体，我们应以积极、审慎、科学的态度加以综合利用，并注意与其他媒体的有机结合，以实现教育最优化的目的。

教育技术、信息技术在深化教育改革进程中将从以下四方面为教育改革提供支持。

第一，硬件与技术。硬件主要包括八室、一站、三系统。八室是普通电教室、多媒体综合电教室、语言实验室、计算机室、学科专用电教室、微格电教室、视听阅览室和电子教材库；一站是卫星地面接收站；三系统是广播系统、闭路电视系统和计算机网络系统。教育技术、信息技术在教育教学中的应用，促进了学校硬件条件建设和教学手段的现代化，使教育系统自身进行了一场技术化改造，为教育教学改革提供了良好的环境支持。

第二，资源与学习。信息技术的应用丰富了教学资源的类型，教育技术的应用扩展了教学内容的形式，改变了教学信息的传播过程，从而给"学习"的概念赋予了新的内涵，为教育教学改革提供了资源支持。

第三，模式与方法。模式与方法的支持主要体现在对教学过程的研究上。当前教育教学仍是以课堂教学为主的教学模式，教育技术对优化以教为主的教学模式起了很大的作用。信息技术在教育实践中的整合，并迅速与现代教学的理论结合，发展了新的教学模式和教学方法，为以多元化、信息化和现代化为特征的跨世纪教育改革提供了实践支持。

第四，文化与观念。在印刷媒体时代，读书看报、写写算算是人类文化的主要内容。现代教学媒体的出现及在教育技术支持下新一轮教学模式的重建，将会引起传统的阅读方式、写作方式、计算方式的变革，进而实现文化的不断自我超越，它刷新或扩展了包括教学、学习、教材等在内的一系列教育概念内涵。同时，在教育技术的支持下，新的教育思想、观念会迅速与教育实践整合，实现教育的变革。

---

① 梁玉清，李妍，刘亚军，等．现代教育信息技术［M］合肥：安徽大学出版社，2007：1.

（二）教育技术思想与信息技术能力

1. 教育技术、信息技术与教师的专业技能

众所周知，应用现代教育技术，促进各级各类教育的改革与发展（尤其是促进基础教育的改革与发展），已经成为当今世界各国教育改革的主要趋势和国际教育界的基本共识。国际教育界之所以会有这样的共识，是因为现代教育技术的本质是利用技术手段（特别是信息技术手段）优化教育教学过程，从而达到提高教育教学效果、效益与效率的目标。效果的体现是各学科教学质量的改进，效益的体现是用较少的资金投入获取更大的产出（培养出更多的优秀人才），效率的体现是用较少的时间来达到教学内容和课程标准的要求，这些目标能否实现，主要是依靠教育技术思想的实施和技术水平的发挥。但是，技术是要靠人来掌握的，要让现代教育技术的上述优势得以发挥就需要依靠教师去实施，这样就对教师的专业技能提出了更高的要求。

教育技术与信息技术的发展并不能替代教师的作用，教师永远是教育过程中的灵魂。教师是教育方针的执行者，是教育过程的设计者，是学生心灵的塑造者。为了培养学生独立思考和独立工作能力，教师需要加强引导和指导，具体从以下三方面着手：

（1）教师要更新教育观念。

第一，要具有新人才观。如今是高科技、强竞争的时代，对人才的要求显然与过去不同，因此要求年轻一代具有广阔的胸怀、丰富的知识、聪敏的智慧、开拓的精神、高尚的道德、完善的人格。这一切不是仅仅通过书本就能完全学到的。传授知识是教育过程中不可缺少的重要环节，它是人才成长的基础，任何时候都不能放松。但它只是一个基础，还需在这个基础上发展学生的能力，培养他们高尚的、符合时代精神的各种优秀品质。教师要认真研究新世纪人才的素质并对每个学生进行人才设计。

第二，要认识教师角色的转变。以往的教育中，教师扮演的是一种家长式的角色。在未来教育中，教师的角色主要表现在教师是设计者、帮助者、示范者等方面。教师是学生的长者，是学生的朋友，更是学生的引路人。

第三，要树立大教育观。教师的眼光不仅局限于课堂，还要放眼于社会。在当今社会，学生接受信息已远远不限于课堂，家庭、社会也有许许多多的信息源，他们在那里获得的信息必然会影响到课堂学习。如果教师的眼光只局限于课堂，则不能有的放矢、因材施教。

（2）教师要不断更新自己的知识和提高自己的专业技能。

第一，教师掌握的知识应该既要有一定的宽度，又要有一定的深度。科学的发展正在

向既分化又综合的方向发展。科学的这种发展趋势也要求教师掌握的知识既宽泛，又专深。但教育职前培训的时间是有限的，因此需要将职前培训和职后继续学习结合起来，不断更新自己的知识，提高业务水平和能力。作为教师，不论教哪个专业，都需要提高人文科学的素养。因为人文科学能够帮助人们了解世界、了解自己、了解人对社会的责任，从而提高自己的文化素养、思想道德情操和行为风貌。教师的这种素养会潜移默化地影响学生。

第二，教师需要提高教育研究能力和合作能力。现代教育技术的发展带来了许多需要研究的新问题，特别是在教育技术手段的使用过程中，学生的学习心理问题更需要研究。教师需要深入地研究和分析教育中的问题，而且。教育过程一旦凭借技术而加以灵活组织，教师之间的那种封闭状态将不复存在，一个教师教一门课的现象也将消失。现代教育技术作为一种物质的纽带，它把教师群体的每个成员联结起来，教师只有互相理解、默契配合，才能更好地履行教师的职责。

第三，教师要掌握教育技术的理论和操作技能。教育技术在教学过程中的运用必然会改变教学过程的模式，会优化教学过程，较大地提高教学质量。但是它的前提条件是教师必须对教育技术有所认识，会操作和运用，并改变陈旧的教学方法。这种认识和操作运用不只是简单的技巧，还包括教师的教学观念的变化。如果教师的教学观念不转变，即使有了出色的多媒体软件教材，也只能把它当作一个简单的教具，成为课堂教学的点缀。只有教师改变了教学观念，从而改变了教学方法，才能使教育技术发挥出优化教学过程的作用。

2. 教育技术、信息技术与学生创新能力的培养

信息社会要求新型人才应具有较高的信息素养。为了培养出能适应现代需要的、具有全面的文化基础（包括信息方面的文化基础）、创新能力和高尚道德精神的一代新人，现代教育技术具有至关重要的意义，这不仅是因为信息社会的文化基础包含信息方面的知识与能力，而信息方面知识与能力的培养显然依赖于现代化的教育技术手段，而且还因为各个学科教学的深化改革都离不开教育技术理论的指导和以计算机为基础的教学环境的支持。

3. 教育技术、信息技术对教学过程的主要影响

技术手段运用到教学过程必将引起教学领域革命性的变化。历史上，班级授课制的产生改变了过去手工业式的个别教学形式，提高了教育效率，学生潜在的能力也没能充分发挥出来，从而影响到学生对客观世界的认识。教育技术在教学过程中的应用改变了这种局面，这种变革可以从以下四方面探讨：

（1）改变了学生在教学过程中认识事物的过程。传统的教学过程是由感知教材、理解教材、巩固知识和运用知识等几个环节按顺序连续地组成，教育技术和信息技术则把感知、理解、巩固、运用融为一体。教育技术有形有声，不仅有较强的直观性，而且能够引导学生直接地揭示事物的本质和内在的联系。教学过程中运用的感觉器官越多，它们的作用发挥得越充分，对学习的知识就越容易理解和巩固。而且许多肉眼看不到的宏观世界、微观世界及一些事物的运动规律都可以通过教育技术观察到，使学生容易理解和掌握事物的本质，有利于学生思维能力的培养和发展。

（2）改变了某些教学原则。传统的教学过程强调教学要由近及远，由浅入深，由具体到抽象。教育技术和信息技术改变了这个顺序，它可以把远方的东西放到学生眼前，把复杂的东西变得简单，把抽象的事物化为具体，又可以改变时间或空间，怎样有利于提高学生的认知就怎样运用。

（3）改变了教学内容和教材形式。通过教育技术和信息技术，可以把过去许多不容易理解的新科技内容增加到教学内容中去，使教学内容现代化。由教育技术编制的教材软件，把声、像和文字结合起来，增加了教材的艺术感染力。

（4）改变了教学过程中教师、学生、教材三者之间的关系。教师、学生、教材是教学过程中的三个基本要素，它们互相影响、互相作用。历史上的各种教育思想或教育流派都对三者的组合和各自的作用有过不同的主张，一派主张在教学过程中应以教师为中心，另一派则认为应以学生为中心；一派主张应以系统的学科教材为中心，另一派则认为应以学生的经验为中心。教育技术和信息技术在教学过程中的应用使教学过程的基本要素增加为四个，它改变了从前那种或教师或学生为中心、或教材或经验为中心的争论，把教师和学生的主动性都调动起来，改变了课程教学的固有模式。教师的角色从单纯地讲授知识转变为设计教材，学生从单纯地接受知识转变为自我学习、自我发现，它有利于因材施教、个别教学。

（三）信息技术与现代教育技术

信息技术可以从广义、中义和狭义三个层面来解释。就广义而言，信息技术是指能充分利用与扩展人类信息器官功能的各种方法、工具与技能的综合；就中义而言，信息技术是指对信息进行采集、传输、加工、表达的各种技术之和；就狭义而言，信息技术是指利用计算机、网络等硬件和软件工具及科学方法，对图、文、声、像等各种信息进行获取、加工、存储、传输与使用的技术之和。简而言之，信息技术是指研究信息的产生、获取、度量、传输、交换、处理、识别和应用的科学技术。

在信息化时代，信息技术是感测技术、计算机技术、通信技术和控制技术的综合。人们常用"4c"技术来表示信息技术的核心，即 collection、computer、communication 和 control。具体而言，信息技术包括的内容非常广泛，有通信技术、计算机技术、多媒体技术、自动控制技术、视频技术、遥感技术等。通信技术是现代信息技术的一个重要组成部分，通信技术的数字化、宽带化、高速化和智能化是现代通信技术的发展趋势。计算机技术是信息技术的另一个重要组成部分，计算机从其诞生起就不停地为人们处理着大量的信息，而且随着计算机的不断发展，它处理信息的能力也在不断加强。现在计算机已经渗入到人们社会生活的每个方面，计算机将朝着并行处理的方向发展，现代信息技术一刻也离不开计算机技术。多媒体技术是 20 世纪 80 年代才兴起的一门技术，它把文字、数据、图形、语言等信息通过计算机综合处理，使人们得到更完善、更直观的综合信息。

虽然"教育技术"与"信息技术"是两个不同的概念，但是在信息化时代的大背景下两者又有融合交叉。首先，信息技术的教育是教育技术的研究重点。教育技术一直关注和研究各个历史阶段涌现出来的新技术对于教育的影响和运用。由于信息技术能够用于促进和支持人类学习，因此成为教育技术的当前研究与关注对象。其次，信息技术的发展极大地丰富和深化了教育技术的学科内涵。信息技术的自身特点决定了信息技术的运用会给教育和教学带来深刻、广泛的冲击与变革，使教育技术的研究重点逐渐地从对教学媒体和教学刺激的关注向深入探讨人类认知和人类学习过程的方向发展。

"现代教育信息技术"并不是一个新鲜的概念，它只不过将"教育技术"与"信息技术"融合在一起，它与我们现在通常所说的"现代教育技术"相通，即通过发挥技术优势来更好地体现教育思想，通过教育思想的应用来进一步做到技术的创新是现代教育信息技术的宗旨。

二、现代教育信息技术的研究内容

（一）信息技术与课程整合

信息技术与课程整合是我国现代教育教学改革的新视点，与传统的学科教学有着密切联系和继承性，又是具有一定的相对独立性特点的新型教学类型，它的研究与实施将对发展学生是主体性、创造性和培养学生的创新精神和实践能力具有重要意义。信息技术与课程整合实质上是一种基于信息技术的课程研制理论和实践，是指信息技术有机地与课程结构、课程内容、课程资源及课程实施等方面融合为一体，从而对课程的各个层面和维度都产生变革作用，进而促进课程整体的变革，这是一个包含着多种思想、多样实践的概念。

信息技术与课程整合是主动地适应和变革课程的过程，对课程的各个组成部分产生变革影响和作用。概括而言，信息技术本身不能自然而然地引发课程的变革，却是课程改革的有利促进条件。正是由于信息技术的快速发展而产生了学习革命、诞生了知识经济，才使人类迈入信息化社会。基于信息技术的现代教育技术与课程的整合本身就要求变革人们传统的课程观、教育观、教学观及学习观等，应该尊重人的独立性、主动性、首创性、反思性和合作性。信息技术与课程整合将有利于营造新型的学习型社会，营造全方位的学习环境。

（二）教育的人工智能技术

人工智能（AI）及人工智能科学从诞生起，其研究和应用领域就与教育紧密相关。人工智能就是研究让计算机接受教育、提高智能的科学技术。AI 的研究成果应用到教育过程中，可以促进教育的工作效率、产生新的教学模式。用人工智能技术支持教学（过程）的设计、互动分析与评价，进而支持教师及其教学，这已成为一个重要的趋势。

1. 教学设计自动化

教学设计自动化（AID）是指有效利用计算机技术，为教学设计人员和其他教学产品开发人员在教学设计和教学产品开发过程中提供辅助、指导、咨询、帮助或决策的过程。教学设计自动化更为贴切的提法应该是计算机辅助的教学设计（CAID）。

教学设计是教育技术学最核心的内容之一，教学设计理论的发展为教育技术学的发展奠定了坚实的基础。但是，教学设计仍然是少数教学设计专家的"专利"，其在广大教师中普及应用仍然有一定的距离，其原因主要有两方面：首先，教学设计方法需要进一步完善和发展，包括教学设计的过程模式比较复杂、"通用"模式在各种教学情况下的不适应等；其次，"设计"的工作量过于繁杂（如内容分析阶段的 ABCD 方法就是一项复杂的"机械"劳动）。因此，若能让计算机帮助教师完成一些"机械劳动"，让教师把更多的精力关注于教与学的过程和行为具有非常重要的理论意义和现实意义。

目前，教学设计自动化的研究主要集中在以下五方面：

（1）提供集成写作工具。例如，WebCT、WebCL 等各大网络教学支撑平台都集成了写作工具，充分利用网络的优势，简化了过程。

（2）提供教学设计专家系统。例如，梅瑞尔等研究与开发的 m Expert 就是基于规则的专家系统，它可以根据教学设计人员提供的信息，提出关于课程组织、内容结构、教学策略等方面的建议。

（3）提供教学设计咨询服务。专家系统开辟了教学设计的新领域，却抑制了教学设计开发人员创造性的发挥，咨询系统更注重发挥教学设计人员的主观能动性。

（4）提供教学设计的信息管理系统。例如，学习研究协会（Institute for Research on Learning）开发的 IDE（Instructional Design Environment）系统。

（5）提供电子绩效支持系统（EPSS）。例如，AGD 绩效支持系统等。另外，教学设计自动化技术一个最直接的应用，是为教师提供教学设计的模板。WebQuest 就是一个很好的例子，它提供了多套方便适用的教学设计模板，教学设计人员和教师只需填入相应的内容，就可生成 WebQuest 教学网站，降低了教学设计的难度。

教学设计自动化的更进一步发展要求它具备更高的"智能"，这需要积极借助自然语言理解和信息检索领域的成果。例如，我们有理由要求教学设计自动化系统能够帮助我们抽取文章中的概念及概念之间的关系，生成一定的可视化图表，如概念图、思维导图等，并在人工校对后生成可用的演示文稿。达到这一目标的核心技术包括信息抽取领域的实体抽取技术和关系抽取技术。

2. 教学自动测评

教学自动测评是计算机辅助评价（CAA）的核心内容和研究前沿之一，其基本流程是把问题和任务通过计算机终端传送给学生，学生通过计算机输入设备将问题的答案输入给计算机，计算机自动或半自动判断答案并记录分数。CAA 在诊断性、形成性和总结性等三类评价中均可得到有效应用，既可以用于学生的自我评价，也可以用于教师对学生的评价。CAA 系统的构成主要包括三方面，即题库与组卷；测试环境与自动阅卷；测评数据的统计分析，负责管理测评结果，按要求生成各种报表及对题目进行分析。如今，CAA 应用研究主要集中在以下三方面：

（1）客观测试。测试题的答案从预先定义好的有限个问题答案中选择或比较，计算机对考题答案的评分不需要任何的主观因素参与，客观测试主要用于评估知识覆盖型和事实记忆型为主的课程。

（2）计算机自适应测试（CAT）。其是指在具有一定规模的精选试题组成的题库支持下，按照一定的规则并根据被测试的反应选取试题，直到满足停止条件为止。

（3）基于 Internet 的远程考试与评价。其主要包括四个功能：①提供基于文本的支持多类题型（客观/非客观）的联机考试功能；②提供针对学生学习效果组卷、试题和教学成果的评价功能；③提供多媒体考试功能；④提供远程监考功能（可选）。

客观测试和计算机化自适应测试的相关理论、方法与技术已相当成熟，能比较好地解决知识层面的评价问题。其热点及前沿课题主要有两方面：第一，主观题的测评问题及其自动化，例如对自由文本答案的计算机测评研究，目前已经取得很大的进展；第二，技能性非客观题的测评。

3. 专家系统的应用

所谓专家，一般都拥有某一特定领域的大量知识和丰富经验。在解决问题时，专家通常拥有一套独特的思维方式，能较圆满地解决一类难题，或向用户提出一些建设性的意见。

专家系统（Expert System）可视为一类具有大量专门知识的计算机智能程序系统，它是能运用于特定领域的一位或众多专家提供的专门知识和经验，并采用人工智能中的推理技术来求解和模拟通过由专家才能解决的各种复杂问题，以达到与专家具有同等解决问题的能力，它可使专家的特长不受时间和空间的限制。因此，专家系统必须包含领域专家的大量知识，拥有类似人类专家思维的推理能力，并能用这些知识来解决实际问题。例如，一个医学专家系统就能够像真正的医学专家一样诊断病人的疾病，判断病情的严重性，并给出相应的处方和治疗建议等。相同领域和不同类型的专家系统，其体系结构和功能有一定的差异，但它们的基本组成均由知识库、数据库、推理机、解释器、知识获取和用户界面六部分组成。

专家系统是人工智能研究中最重要的分支之一，它实现了人工智能从理论研究走向实践应用，从一般思维方法的探讨转为运用专门知识求解专门问题的重大突破。目前，被大多数人认可的专家系统在教育中的应用主要有两种，即将专家系统作为学习的工具和学习的对象。

（1）专家系统作为学习的工具

第一，专家系统将改变现有的教育模式。勃朗逊（Robert Branson）在美国的《教育技术》杂志上发表的题为《过去、现在和未来的教学模式》一文中，描述了一个以教育技术为基础的未来教育模式，该模式是由教师、专家系统和学生三方面所组成的。其中，专家系统是一个由知识和数据库组成的智能教学专家系统，以它作为学习的工具，为学习者提供像学科专家一样的学习支持，学生通过主动地与专家系统的交互来获取知识。同时，在这一系统中，将教师从学科事务中解放出来，使其有更多的时间和精力来协调学习者之间、学习者与专家系统之间的关系，使教师的主导作用得以充分发挥。这一模式的实现，可以使目前的"以教师为中心""以课堂为中心"的教学模式从根本上有所改变。

第二，专家系统能提供智能化的决策服务、支持服务。专家系统是现代远程教育系统的重要构成要素，其宗旨是创造一个优良的学习环境，使学习者方便快捷地调用各种资源，接受关于学习的全方位服务，以获得学习的成功。建立和维持一个高效灵活、强有力的支持服务子系统是有效地开发、管理和实施远程教育项目的保证，关系到现代远程教育的发展和生存。但当前远程教育中的学习支持服务并不尽如人意，导学和答疑的手段都还十分落后，服务方式也受到诸多限制（如地域、时间、人员和设施等），缺乏主动性、针对性和策略性。在教学中欲改变支持服务的被动状况，提高支持服务的质量，其有效途径之一就是引进人工智能技术，实现服务的智能化。

（2）专家系统作为学习的对象

专家系统在人工智能领域享有很高的声誉，曾被认为"是人工智能从幻想到实践，再由实践到理论的主角"。以专家系统作为学习对象，可以对学生的以下三方面产生积极的作用：

第一，提升学生解决问题的能力。人们在现实生活中遇到的问题按其结构划分，大致可以分为三类，即结构化问题（能用形式化或公式化方法描述和求解的问题）、非结构化问题（难用确定的形式来描述，主要根据经验来求解的一类问题）和半结构化问题（介于以上两种之间的问题）。

学生在中学阶段要求解决的大都是结构化问题，求解结构化问题主要途径是算法+数据结构。而专家系统最适合那些没有高效算法解决的情况，即非结构化问题和半结构化问题。解决这类问题，推理可能是寻求较好解决方法的唯一希望。因此，求解非结构化、半结构化问题的主要途径是知识+推理。通过让学生借助专家系统工具建造专家系统，包括知识库的构建和推理机制的设计，可以让学生在了解专家系统的基本特征、体验、认识专家系统的知识与技术的过程中获得对非结构化、半结构化问题解决过程的了解，从而使学生了解计算机解决问题方法的多样性，培养学生的多种思维方式，达到提高信息素养的目的。

第二，开发学生的元认知能力。元认知又称为反省认知，即对认知的认知，是个人关于他自己的认知活动过程、结果及与之有关的任何事项的认知，其实质是个体对自己认知活动的自我意识和自我调节。斯腾伯格认为人们对自身思维过程（分析、创造和实践性的问题解决、推理和决策制定等）了解和控制的元认知能力，相比单纯的认知能力（如知觉、记忆和思维过程）更能影响到智力。而我国现行的学习目标大都以布卢姆的教育目标分类学或加涅的理论为指导，在制定学习目标时往往忽略元认知能力的培养。

由于专家系统中的知识组织和推理过程是对人类专家思维方式的一种模拟与再现，因此学生在建造知识库的过程中，需要反省自己的思维过程，将原来零碎的未成型的知识概念化、形式化和条理化，从而内化为学生自己的东西。通过自己实践，构建一个小型的专家系统，可以为学习者提供一个反思自身思维过程的机会，有助于学生认知水平的提高。

第三，培养学生人际交流的能力。为成功开发一个专家系统要求领域专家、知识工程师和用户的密切配合，领域专家提供知识和求解方法，用户提供需求，知识工程师从专家那里获取知识，并将其转化到计算机上。在专家系统的教学中，可以要求学生自行构建由产生式规则组成的知识库，学生作为知识工程师或领域专家，既要能清楚地向他人表述自己的意图，又要具备从别人那里获得对自己有用信息的能力。通过这种角色扮演，有利于培养学生人际交流的能力，提高协作意识。

4. Agent 技术的应用

Agent 是一个具有自治能力的实体，这个实体是一个由软件支持下的系统。一般以软件为多，这种软件能够在目标的驱动下采取社会交往、学习等行为对环境的变化做出主动的反应，完成特定任务。Agent 的特点主要包括自主性、进化性、协作性、通信性、移动性等。

目前的网络教育课程很大程度上是把传统的教育课程搬到了网上，原有教育体系中一些好的方面没有被继承和发扬。在网络教学中教学方式单一，教学内容没有较强的针对性，对于学生的关心程度几乎为零。Agent 技术的引入，有望较好地解决这些存在的问题。Agent 应用于网络教学后，主要的优点有以下六方面：

（1）网络教育的个别化。目前的网络教育个别化只是时空上的个别化，而教学方式和教学内容没有发生根本变化。网络由于其自身的特点，个别化教育应是其重要的一个优点，在 Agent 被应用以后，利用其智能性可以针对每一个教学对象的水平、学习内容、学习中遇到的难点、学习的动机等一系列的特征，采取不同的教学方式，提供不同的教学资源，做到对每一个学习者的教学资源和过程都不尽相同。学习者的 Agent 组，将成为每一个学习者的"私人教师"。

（2）人性化的交互和教学方式。Agent 引入后，教学系统和学习者的交互方式将发生根本的变革。基于 Agent 网络课程的根本特点在于对学习者的极大"关怀"。在教学的过程中学生将感到与以往完全不同的教学气氛，计算机随时地"倾听"学习者的声音，并对教学过程进行调整。

（3）强大的自我进化功能。Agent 本身的进化功能在引入到教育中以后，其潜力将得到最大程度的发挥。在对每一个学生建立在一个属于自己的 Agent 以后，整个 Agent 组处在不停的进化过程中，通过与学习者的交互对学习者的了解日趋深入，使整个 Agent 组越来越适合学习者。

（4）对网络资源的有效利用。目前，Internet 的资源非常丰富，但是资源的存在方式却是一种无序的、杂乱的状态，只能算是一种信息（information）或者数据（data），而学习者需要的是一种知识（knowledge），要把这些信息和数据转换成为有用的知识点是一个庞大而复杂的工程。因此在目前的状况下，很多的学习者在利用网络资源时，是被"溺水"而不是有效地利用了网络资源。在基于 Agent 的网络教学体系中，资源 Agent 将主动地为学习者完成这一过程，网络的信息和数据将变成学习者所需的知识。

（5）讨论协作学习智能化。传统的网络教学中，学习者的交流和协作是静态的，网络环境只是提供了一个交流的场所。而在基于 Agent 的网络教学系统中，讨论板块对讨论的问题有总结提炼，并能根据讨论的情况组织专题性的讨论，引导学生做更深入的研究和探讨，发挥协作式学习的优越性。

（6）改善学习模式，培养学习者的各种能力，有益于素质教育的开展

学习者可以自己提出问题或者根据已有的问题，在学习系统的协助下逐步求解，甚至可以对领域内的某一问题进行深入的研究探讨。基于 Agent 的网络学习体系将提供开放的环境、详尽的资源，而不是呆板的学习模式，学习者可以自主地选择学习重点、学习方式。在学习过程中，自身的问题得到逐步解决，同时解决问题的各种能力得到提高。

基于 Agent 的网络课程有其不足之处，主要是在实现方面有较高的技术要求和资金投入。但随着 Agent 软件方法可重用性、可扩展性的提高，在不同的课程中只要改变专业知识模块，整体的框架就可重复利用并加以扩展。相对于现在的一次性课件，从长远的角度来看投入并不高。在技术性方面，目前已经有不少的商用系统投入使用，效果良好。

（三）研究性学习课程

研究性课程是以"培养学生具有永不满足、追求卓越的态度，培养学生发现问题、提出问题、从而解决问题的能力"为基本目标；以学生从学习生活和社会生活中获得的各种课题或项目设计、作品的设计与制作等为基本的学习载体；以在提出问题和解决问题的全过程中学习到的科学研究方法、获得的丰富且多方面的体验和获得的科学文化知识为基本内容；以在教师指导下学生自主采用研究性学习方式开展研究为基本的教学形式的课程，这种课程形态的核心是要改变学生的学习方式，强调一种主动探究式的学习，是培养学生创新精神和实践能力、推行素质教育的一种新的尝试和实践。作为一种新的课程形态，"研究性学习"和现有的学科教学相比，它有以下一些特点：

1. "问题"（或专题、课题）是研究性学习的重要载体

在研究性学习中，学校首先要组织学生从学习生活和社会生活中选择和确定他们感兴趣的研究专题，去发现问题和提出问题，这些问题可以是教师提供的，也可以完全是学生自己选择和确定的；可以是课堂内教材内容的拓展延伸，也可以是对校外各种自然和社会现象的探究；可以是纯思辨性的，也可以是实践操作性的；可以是已经证明的结论，也可以是未知的知识领域。

在学科教学中，教材是课程实施的基本依据和载体，学生学习的知识局限在某一个学科领域，这些知识的排列是纵向的、线性的，相互之间完全靠逻辑关系加以联系；那么，在研究性学习中，课程的载体变成了"问题"。学生在解决问题的过程中会涉及多种知识，这些知识的选择、积聚和运用完全以问题为中心，呈现横向的、相互交叉的状态。

此外，与其他学科课程相比，研究性学习的"载体"发生了变化，即没有了教材。因为没有教材，于是也就没有了可以操作的"本本"，没有了人们所熟悉的套路规范。虽然说这给学校、教师留下了很大的创造空间，但更多的是增加了课程实施中大量的不确定因素，即课程实施模式、课题选择和课题价值判断、课题切入口、课题推行步骤、课题资料来源、课题研究结果及呈现方式等，几乎每一个环节都需要因地制宜、因人而异、因现存条件而决定。因此，这门课程给教师、学生和学校都提出了挑战，尤其是教师，不仅要改变自己的作用和角色，改变自己指导学生的思路和方式，而且更要培养和施展自己的教学智慧，遵循研究性学习的基本精神和一般流程，创造性地开展对学生的指导工作。

2. 研究性学习课程呈开放学习的态势

在研究性学习中，由于要研究的问题（或专题、课题）多来自学生生活中的现实世界，课程的实施大量地依赖教材、校园以外的各种教育教学资源，学生学习的途径、方法不一，最后研究结果的内容和形式各异，因此它必然会突破原有学科教学的封闭状态，把学生置于一种动态、开放、主动、多元的学习环境中。

研究性的开放性学习，改变的不仅是学生学习的地点和内容，还包括两方面：首先，它提供给学生更多获取知识的方式和渠道，在了解知识发生和形成的过程中推动他们去关心现实、了解社会、体验人生，并积累一定的感性知识和实践经验，使学生获得了比较完整的学习经历；其次，更重要的是学生在这样一种学习中将培养起一种开放性的思维，这种思维方式的形成对于中国学生创新精神的培养尤其重要。在长期的以考试为中心的教育训练中，学生慢慢形成了这样的一种思维定式，即所有的问题都有答案，并且只有一个标准答案。研究性学习恰恰要改变这种状况。在课题研究过程中，学生研究的问题各不相同，每一个问题由于所获取的资料不同、对资料的分析处理不同，其结果会有较大的差别。可见，这样一种开放式的自由学习方式，正是学生灵感火花、创新精神产生的前提条件。

3. 研究性学习课程是一门由学生自己负责完成的课程

研究性学习强调以学生的自主性、探究性学习为基础。学生按自己的兴趣选择和确定研究学习的内容后，通常采用学生个人或小组合作的方式来进行，整个课程的内容、方式、进度、实施地点、最后的表现形态等主要取决于学生个人或小组的努力。学生在教师的指导下，在规定的时间内成为某一个研究课题的提出者、设计者、实施者，他们对课程目标的达成负有主要的责任。学生真正被置身于学习的主体地位。研究性学习既赋予了学生选择学习内容的权利，也要求学生承担达成课程目标的义务。当学生感到背负一种责任时，他们的主观积极性便得到极大地调动，自主学习、积极探究就有了积极的内在动力。

4. 研究性学习课程是学生学习过程的感受与体验

与学科教学中只重视学生的可量化、可操作性的预期结果目标不同，研究性学习将整个课程实施的过程看得比结果更为重要。学生经过一段时间的研究，可能其最后呈现的研究结果稚嫩可笑，无足称道。但这并不是主要的，因为学生通过课题设计、寻找资料、动手实验、社会调查等亲身实践，可以获得对社会的直接感受；通过课题研究，不仅了解了科研的一般流程和方法，而且体会到科学研究的艰辛和快乐；在与他人、社会的交往与合作中，懂得了做人做事的道理，培养了团队合作和人际交往的能力；通过多方面地收集资料，知道除了教材、教学参考资料以外，还有很多获取信息的渠道和方法，这为他们终身学习打下了良好的基础；在课题研究中，学生试图综合已有的知识来解决正在研究的问题，知识在他们眼中不再是孤立的、互不联系的内容，而是相互间有着密不可分的关系，能够在解决问题的过程中共同发挥作用等。让学生通过课程的实施获得上述感受和体验，正是开设研究性学习课程的主要目的。因此，从这个意义上来看，研究性学习过程本身恰恰是它要追求的结果。

总而言之，与现有的课程相比，研究性学习突出的是它的实践性、开放性、自主性和过程性。此外，素质教育应该被理解为以德育为核心，以创新精神和动手实践能力为重点。如何通过学校教学来培养学生的创新精神和创新能力，是当前世界各国教育改革所关注和研究的重点，目前没有固定的模式。但是，如果缺乏学生自由、开放、自主地学习这些最基本条件，创新就根本无从谈起。

（四）信息素养

信息素养是传统文化素养的延伸和拓展，而且是一个内容丰富的概念。它不仅包括利用信息工具和信息资源的能力，还包括选择、获取、识别信息，加工、处理、传递信息并创造信息的能力。

1. 信息素养的主要定位

关于信息素养，目前尚未有统一的定义和解释，但一致认为其内涵主要包括信息意识、信息知识、信息能力和信息品质四方面。

（1）信息意识。信息意识即人的信息敏感程度，它是人们对自然界和社会的各种现象、行为、理论观点等，从信息角度来理解、感受和评价。它包括面对信息在经济发展中的作用将超过资本，要有信息第一的意识；面对信息资源的激烈竞争，要有信息抢先意识；面对世界信息化进程的加速，要有信息忧患意识；面对信息时代的技术进步和知识更新的加速，要有再学习和终身学习的意识；等等。

（2）信息知识。信息知识既是信息科学技术的理论基础，又是学习信息技术的基本要求，主要包括熟悉与信息技术相关的常用术语和符号，了解与信息技术相关的文化及其背景，熟知与信息获取和使用有关的法律、规范等。

（3）信息能力。信息能力是信息系统的基本操作能力，包括信息的采集、传输、加工处理和应用的能力，以及对信息系统与信息进行评价的能力等。这也是信息时代重要的生存能力，主要包括信息挑选、获取与传输能力，信息处理、保存与应用能力，信息免疫和批判能力，信息技术的跟踪能力，信息系统安全的防范能力，基于现代信息技术环境的学习和工作能力等。

（4）信息品质。培养学生具有正确的信息伦理道德修养，要让学生学会对媒体信息进行判断和选择，自觉地选择对学习、生活有用的内容，自觉抵制不健康的内容；不组织和参与非法活动，不利用计算机网络从事危害他人信息系统和网络安全、侵犯他人合法权益的活动。良好的信息品质主要表现为积极生活和高尚情操、敏感和开拓创新精神、团队和协作精神、服务和社会责任心。

信息素养的四个要素共同构成一个不可分割的统一整体，信息意识是先导，信息知识是基础，信息能力是核心，信息品质是保证。显然，信息素养的内涵已经远远超出了"计算机基础教育"及"信息技术"的范畴。学生在这四方面所表现出来的品质就是信息素养的标志。把这四方面按照学生的年龄特点、认知水平等加以有机的地细化和量化，就可以形成学生各阶段的信息素养标准。

2. 信息素养的特征分析

现在以计算机和网络为主的信息文化已发展成为当代社会基础文化的一部分。学生信息素养的培养和形成与其他基础文化素养有相同的地方，更有不同的特征。教师认识和掌握这些特征对于培养学生良好的信息素养是有重要意义的，可以使我们实施信息技术教育的各项工作有效协调地开展，并为学生信息素养的形成提供基本途径。

（1）信息素养的时代特征。信息技术的飞速发展日新月异地改变着我们工作、学习和生活的环境。信息时代要求我们具有信息素养，信息社会的发展要求我们不断提升信息素养的水平。我们的信息素养必须适应生存发展的社会信息环境，对于学生而言主要是学习生活环境，也就是让学生跟上教育信息化的步伐，成为现代型学生。目前，普通高中开展的研究性学习活动是以现代教育理念为指导的学习，更是以信息素养为基础的学习，由此可见，信息素养的高低会直接影响研究性学习的水平和成果，信息素养必须跟上时代的发展和需求才是有用的。信息素养的时代特征告诉我们，在信息技术教育工作中任何停滞的做法、固定的模式都是不可取的，只有不断发展创新、与时俱进才能培养学生良好的信息素养。

（2）信息素养与其他基础文化素养和谐发展的一致性特征。现代教育需要学生有良好的信息素养，良好的信息素养形成又需要语文、数学和其他社会与自然学科知识为基础。反之，在现代教育环境下，信息素养又是实现现代教育理念的基础。这就是说，学生在某个阶段或者在某个水平上信息素养的形成是和其他基础文化素养相辅相成、和谐一致的。从这一点出发，要求我们实施信息技术教育的所有人员——领导、教师和工作者将信息技术和谐流畅地融入学校整个教育工作中，让学生的信息素养在成长中自然形成，才是我们工作的基本任务和发展方向。

（3）信息素养的形成受制于信息环境的差异性特征。信息素养的信息能力形成和一般意义上的读、写、算能力的形成在条件上是有较大差别的。信息能力体现在对计算机和网络的操作和应用上，若学生没有或很少有上机操作、上网的机会，信息能力的培养就会有所欠缺，因此，要满足学生上机操作和上网的需求，就需要有相当数量和相当水平的信息设备与教学资源，这些没有经济条件是办不到的。正是由于这一点，不同地区、不同学校学生之间的信息素养是有很大差别的。

教师如果认识到信息素养的形成受制于信息环境的差异性特征，在实施信息技术教育工作中就要因地制宜，扎扎实实地搞好信息环境建设。同时，对已建设好的信息设施还要不断地改进和完善，提高运行能力，为学生信息素养的形成提供物质基础保障。

（4）信息素养的实践性标志特征。学生在各阶段的信息素养水平，应该和能够以在相应阶段接受信息技术教育并融入学习生活的实践程度体现出来。这就是信息素养的实践性标志特征，这一特征应是我们培养和考核学生信息素养的出发点和归宿。这里所说的实践程度是指学生在学习生活中自主或在教师的指导下利用信息技术的程度，主要体现在学生对所学各科知识的多视角观察和多方位探讨，也就是发散思维，进而激发创新思维和创新能力。它是学生接受信息技术文化并内化后所形成的自然意识和自然需求在学习实践中的表现，是信息素养形成的实质性标志。

（5）信息素养个性发展特征。素质教育是面向全体学生的教育，培养学生良好的信息素养作为素质教育的一部分也是面向全体学生的。这对全体学生而言是奠定信息素养的基础，而对每一个学生而言，信息素养是形成广阔的个性发展空间。

第二节　高中数学教学的特征及其价值意义

一、高中数学教学的特征与原则

从"教学"一词的语义上分析，数学教学是数学活动的教学。在这个活动中，使学生掌握一定的数学知识、习得一定的数学技能、经历数学的活动过程、感受数学的思想方法、发展良好的思维能力、获得积极的情感体验、形成良好的思想品质。

人们对数学教学的认知是不断发展和深入的，有些认知更加符合数学教学的规律，如强调师生双边活动、强调师生在数学教学活动中共同发展、强调数学教学不仅是知识的教学，而且还应该提高学生对数学及其价值的认知、关注情感因素在数学教学活动中的作用、全面认识教师在数学教学活动中的角色等。

对于数学教学而言，我们既可以是思维活动的过程，又可以是结果。当代社会教育的目标是培养人才，越来越重视人才的思维能力、动手能力，也就是越来越注重教学的过程、注重学生能力的培养，尤其是思维方面的能力培养。但是，目前的教材篇幅有限，教材当中展示的数学结论较多，对于数学结论的形成过程及结论当中蕴含的思想方法显示得较少。为了培养学生的数学思维能力，让学生更好地掌握数学学习方法，教师应该认真、科学、合理地设计教学过程，在过程中为学生展示数学思维。只有这样，才能让学生更好地理解和掌握数学思想和方法，并深入理解方法是如何产生、发展和应用的，才能让学生全面掌握思想方法的本质与特征。

（一）数学教学的特征

1. 体现知识性的教学目标

（1）在教学过程中可以对教学目标进行具体的细化。为了彻底贯彻落实教学目标，教育部门明文规定了教学目标的具体含义，对教学目标做出了详细的阐述，教师可以按照阐述和要求具体实施细化了的教学目标。

（2）教学过程中对教学目标细化具有可操作性。"为了使大纲、课标提出的目标在教学中落到实处，各级教研部门用带有具体特征的各种行为动词对目标的具体含义做了详细的描述，从而教学使目标要求的实现具有可操作性。"①

（3）目标细致到每一章节、每一单元、每一节课。我国采取了非常有力的措施，保证教学目标能够具体落实，严格要求教师按照每节课、每单元、每一章节的具体要求设计教学内容，并且为教师提供了可以操作的教学步骤，教师需要按照教学步骤按部就班地进行授课。我国落实教学目标的方法和布鲁姆目标教学形式有一定的联系。除此之外，教学目标的落实还包括习题，习题是有层次的，例如模仿性练习题、选择运用形式练习题、组合性练习题、干扰模仿性练习题及综合运用形式的练习题等，这些练习题能够保证教学目标彻底落实。教学目标主要包含教学知识、学习技能，检测教学效果的形式是考试，考试虽然能体现出能力，但只是辅助性的，可见目标的细化在很大程度上还是属于应试范围。

2. 由"旧知"变为"新知"

（1）通过"旧知"引入"新知"是目前我国数学教学中使用的主要方法。很多新知识的学习都是以旧知识为桥梁的，这种方式符合人的认知规律，也符合现代认知理论和建构主义思想。通过"旧知"引入"新知"的过程中，教师会提出很多关于旧知识的问题，并且逐渐联系到新知识内容，使新知识逐渐显露出来，实现从旧知识到新知识的过渡。利用"旧知"引出"新知"主要有两种教学形态：一种是学生从旧知识中感受到新知识，并且自主地想要学习和认识新知识，最后经历知识的认知学习过程，这就是理想的教学形态；另一种是不注重旧知识到新知识的转化过程，直接告诉学生新知识，让学生会用新知识。这会导致学生自主学习性的丧失，学生就只是知识的灌输容器，这种教学形态是非常不可取的。

（2）注重利用实际问题学习新知识，这种教学方法从实际问题引入新知识的学习，从根本上来看是由已知引出未知，这里的已知既包括已经学过的知识，也包括实际生活中的情境、材料、经验及元认知感悟。这种方法拓宽了数学知识的引入来源，不仅可以从数学知识内部引入新知识。还可以从外部引入新知识，这使新知识和旧知识、实际经验之间的联系更加密切，学生更容易建立二者之间的联系，所以要注重利用实际问题来学习新知识。

3. 重视新知识的内部深入理解

（1）新的知识内容建立之后必并须进行巩固和深层次的分析理解。换言之，学习了新知识之后必须加以巩固，并进行深层次的分析理解，这样才能真正掌握新知识。分析方法

---

① 单凤美.高中数学教学方法研究与实践［M］.天津：天津科学技术出版社，2018：4.

有两种：一种是深入分析概念中的每一个字、每一个关键词，强调每一个词的意义阐释；另外一种是通过辨析题或变式题的方式理解新知识，分析新知识的要义，建立新知识和旧知识之间的联系，利用辨析来加深理解。

（2）必须加强新知识和现实之间的联系。一般情况下从认知水平的角度来看，从实践中获得的新知识可能会比从旧知识中获得的新知识的认知程度要更深刻，因为实际现实中的知识更加真实、多变、复杂，这都能促进认知能力的提升。在欧美教育体系中，非常注重数学知识和实际生活的联系，强调要通过数学知识去解决实际生活问题，发挥数学知识的具体作用，所以西方的数学课本中有很多和实际生活相关联的作业，这些作业需要联系实际生活展开设计，没有特别高的难度，但是会培养学生的综合能力。

4. 关注解题方法与思路

中国的数学教学非常重视习题的解答过程，可见重视解题过程已经成为中国数学教学的一个主要特点。学生在解题中需要依靠定理和概念，所以说解题过程是复习概念和定义的过程，注重解题练习其实强调的是学生对基本知识、基本方法的掌握，能帮助学生打好基础。除此之外，数学还非常重视多种解题思路的思考，注重使用多种方法解答习题，注重利用一种方法解答很多习题，对解题思路的研究和追求有利于培养学生的学习思维。

5. 强调巩固、训练与记忆

（1）数学教学注重巩固与练习。中国数学书在每一节数学课后面都会附带练习题，每一个单元后面也会有单元练习题，每一个章节会有章节复习题，而且课后还有作业，在学习完之后还会有阶段考、学期考。中国对考试的重视其实就是对学生基本功的重视，强调巩固练习的重要性，这种练习有其正确的一面，但是一定要适度，如果把握不好"度"，就很容易造成练习过度，学习会适得其反。

（2）数学强调记忆。在数学学习过程中，经常用到各种各样的记忆方法，例如意义记忆法、图表记忆法、口诀记忆法、联想记忆法、对比记忆方法等。从本质上来看，很多记忆方法都属于意义记忆方法的分支，记忆方法能够帮助学生更好地掌握数学知识，但是也需要适度，否则就会变成死记硬背、生硬模仿，会让数学思维变得僵化，不利于学生真正地掌握数学知识。

（二）高中数学教学的原则

随着我国素质教育的普及和深入，高考政策也正在随之发生变化，新高考模式逐渐形成。数学在高考中仍占据着绝对重要的地位，因此高中数学教学的重要性不言而喻。新高考模式更加重视考查学生对知识掌握的深度和广度，就数学方面而言，新高考期望选拔思维能力强、能够主动学习探究、能够运用数学知识解决问题的学生，这给高中数学教学及高中生能力素质提出了新的更高的要求。因此，高中数学教学要适应新高考要求进行改革创新，遵循科学的教学原则和方法来提升学生的数学水平，帮助学生更好地应对新高考。并且，教师要积极研究创新教学方法，提升学生的数学能力，从而更好地适应新高考要求。高中数学教学的原则具体内容如下：

1. 分层施教原则

在进入高中阶段以后，学生之间的学习差距会逐渐拉开，尤其是数学课堂上学习困难的学生，甚至有可能因此影响个人的学习热情和信心，这时如果数学教师只是开展统一化的单向教学，就容易导致部分学生难以适应教师的教学节奏和授课难度，甚至会导致学生之间的差距进一步拉大。然而在数学课堂上每个教育对象都是平等的，所以数学教师应当遵循分层施教的原则，针对不同层次的教育对象制定不同的教育目标、教学方法和评价策略，在课堂习题训练和课外作业的安排上，教师也应当考虑到不同层次学生的个性化差异，这样才有助于班级学生的共同进步和提高，避免课堂上两极分化的现象加剧。

2. 学生主体性原则

在传统的数学课堂上，数学教师为了提高教学效率或高考升学率，在教学方案的制定上相对统一，学生无论有没有疑问、知识能不能吸收及能不能跟上教师的教学节奏，都只能被动地去适应课堂教学，所以很多学生的学习效率比较低。在新时代下，传统数学教学高中生被动接受知识的教学方法不再适用，因为其不利于培养学生学习思考的主动性，难以满足新高考要求。因此，教师在开展数学教学应对新高考时，就要遵循学生主体性原则，改变学生在数学课堂的被动地位，让学生处于课堂和课堂活动的主体地位。在设计和组织课堂活动时，教师应引导全体学生主动参与到教学活动中，给学生更多自主思考、交流、活动的机会，由此培养学生主动学习思考的兴趣和积极性，从而提升自身数学的综合能力，更好地应对新高考。

3. 知识应用性原则

在高中教育阶段，由于学生的学习任务重、学习压力相对较大，所以数学教学的广度和深度通常会存在一定的限制性，很多学生与教师没有建立起数学教学与知识应用二者之间的现实联系，这导致学生在现实生活中"学以致用"的能力受到影响。而数学教学的最终目标是培养学生运用数学知识解决问题的能力，新高考对学生解决问题能力的考查更加重视，因此在数学教学中要坚持知识的应用性原则，教师应根据教学内容设计相应的问题，通过问题启发学生思维，引导学生运用所学知识解决问题。在解决问题的过程中，学生学会分析、思考、探索问题并对各种知识重组运用，不仅可以巩固所学知识点，还可以很好地培养学生的思维能力和解决问题的能力，从而与新高考的目标要求相一致。

4. 主导探究性原则

由于传统应试性思维的限制，数学教师通常会要求学生做大量的练习题，随后再由教师进行纠错或让学生进行深层次的训练。在这样的数学教学实践中，教师是教学活动的制定者和控制者，学生只能按部就班地落实教师制订的计划，其自我学习与思考探究的空间严重不足，学生的思维能力难以得到有效的培养，这在很大程度上限制了学生数学核心素养的有效培育和发展。

新时代下，教师要转变自身角色，由教学的主导者转变为指导者和引领者，设计更多探究性的教学活动，引导学生主动参与学习，树立主动探索的意识；同时要有针对性地启迪学生思维，引导学生自主探究思考数学问题。在学生思考学习中，教师要做好指导和评估工作，保证学生的学习和思考方向不发生偏差，由此培养学生良好的数学思维，拓展数学学习的深度和广度，提升高中生的数学综合能力。

此外，就相对复杂的数学题目而言，数学教师还可以将学生合理进行分组，让学生以小组为单位开展探究性的学习，这样有助于学生在困难面前集思广益、互帮互助、相互借鉴，从而营造出良好的学习氛围，促进学生共同进步。

二、高中数学教学的价值与意义

（一）高中数学教学的价值

1. 为学生发展提供教学经验

高中数学教学不是全民教育，是进一步提高文化科学素质的数学教育。但是，高中数学教学仍然属于基础教育，所以高中数学教学具有基础性。首先，经过高中数学教学，学生可以获得更高的数学素养，以适应现代生活。在高中数学学习中，比运算更重要的是思维方式。高中教学是通过对学生思维模式的锻炼，从根源改变学生的学习成绩。学生通过课堂学习，不仅能掌握大量的数学知识，还能建立空间、象限、函数、公式算法、运算法则等重要的思维方式，提高学生的逻辑思维、形象思维能力。与此同时，学生在遇到数学难题时，能根据以往课本中所学的知识，积极地去思考问题、解决问题。若遇到高难度且复杂情境化的数学难题，能通过多人合作、互帮互助的方式解决难题，激发学生的思维潜能，培养其创新精神，进而提高学生辩证唯物主义的认知能力。

此外，高中数学教学中经常会出现团体合作项目，前后桌之间讨论交流不仅有助于学生思维扩散，及早解决问题，还可以提高学生的交流能力。高中教学课程中涉及类目众多，例如正弦定理、三角函数、集合语言、概率计算等,这些都需要学生运用教师所说的思维逻辑思考、交流、探讨。高中数学学习是扎根式的学习模式,它是学生今后进行科学钻研和升学深造的基础,无论今后学生选择怎样的专业,都离不开高中数学的影子,因此,高中数学教学还扮演着承上启下的角色,对学生今后的学习和生活都会产生深远的影响。

2. 有助于学生思维能力培养

如今,虽然提倡素质教育改革,但应试教育教学背景下的高考,仍然是学生压力的关键所在。然而,数学思维不等于解题能力,学生能听懂课堂上教师讲的解题思路,但难以运用课堂上学习到的知识从容地解答出与数学问题相关的现实问题。高中数学教学是学生思维成长的关键时期,也是学生智力成长的重要阶段,为此,学生要学会思考、善于思考,而且要有自主学习的能力。

高中数学的教学目的,最主要的是让学生掌握高考大纲规定的应掌握的知识点,另外要提高学生的数学素养和思维能力。数学作为决胜高考的关键,自然受到教师和学生的特别关注。而提升数学成绩的关键则是数学教师的教学,能够让学生贯彻解题思路,顺利解答出数学难题。然而,实际的教学中,因为学生思维方式和解题思路的不同,导致不同的人对同一问题会有不一样的解题模式。数学教师在教学过程中应有意识地培养学生的创新思维能力,希望学生能通过举一反三的模式,不断提高自身的解题能力。另外,创新思维是伴随着学生的整个学习生涯,若是学生能够不断地钻研,形成自己的思维习惯,不但能提升自己的解题能力、学习成绩,对其今后的发展都有帮助。

3. 发挥育人作用的重要价值

然而,面对高考的重担,很多时候数学教学会变成应试教育的一个工具,无论教师还是学生,都转变成应试教育下的填鸭式学习,着重将精力放在高中数学教育相关知识点、考点、重难点的精讲方面。因此,数学教师在课程教育中,应重视德育教学成果,除了基础的专业知识外,还应该将素质教育融入日常的教学中,让学生除了掌握课本知识以外,还能够融会贯通多项生活技能。例如,教师透过专业知识来侧面反映现实世界,做到真正的以德育人、以德服人。

对于高中学生而言,数学本身就是众多学科中最枯燥、晦涩难懂的一门学科。数学教学要想生动,必须从德育教学入手,将教学融入生活元素,例如一个抽象的比喻、一个智慧的幽默等折射出来的真理中蕴藏着数学逻辑思维。数学文化与人文历史本身就有重要的联系,由此可见,学生也喜欢教师这样的授课方式,这样也更能让学生融入课堂的情境教学中,还能升华师生感情。

（二）高中数学教学的意义

1. 强化数学教学是时代要求

我们生活在一个信息高速发展的互联网时代，信息化教学已经成为高科技钻研项目的核心技术。当下的生活汇总，无论方案制定、设计修正，还是具体到施工操作都处处依赖于数学技术。因此，强化数学教学已经是大势所趋。

2. 重视数学教学是学科的自身要求

（1）培养学生抽象思维。高中数学内容是严谨的、现实的，仅仅是从客观逻辑数量关系和空间形式中反映一些现实问题、舍弃外界无关的介质，这就是数学的抽象特点。数学学科是建立在抽象的基础上，通过数学文化、语言、符号的加深，让其不断地升华，这是任何学科都无法比拟的。此外，数学家对一些数学难题的探索，给数学的交流、提升带来了很大的转变，让数学的抽象性逐渐地多元化，这也是数学区别于其他学科的一个特点。由此可见，高中数学教学中，对学生抽象思维的培养至关重要。

（2）培养逻辑思维能力。数学教学不同于物理学科或者其他可以用实验去佐证的学科。数学的本质是推理，它的最终结果需要一整套严谨科学的推理来证明这个结论是正确的。因此，数学教学中会应用到很多公式，创设契合学情的定理、公式的生成情境，即根据授课对象——学生的学情特点而创设的一个再创造过程。这些公式可以在数学公理中直接应用，套用公式将一些看似不相干的命题联系在一起。这里所说的命题是可供判断的陈述句，如果也用陈述句表述计算结果，那么，数学的所有结论都是命题。所谓有逻辑的推理是指所要判断的命题之间具有某种传递性，用逻辑的方法判断为正确并作为推理根据的真命题，这就是定理。数学逻辑思维能力是一种严密的理性思维能力。数学逻辑思维能力指正确合理地思考，即对事物进行观察、类比、归纳、演绎、分析、综合、抽象和系统化等思维方法，运用正确的推理方法、推理格式、准确而有条理地表述自己思维过程的严密理性活动。培养学生的逻辑思维能力是高中数学教学的目的之一。

（3）应用数学的广泛性。现代社会中小到日常生活，大到科学研究，都离不开数学学科的支持，尤其是现代信息技术的发展对数学学科的应用越来越广泛。不仅如此，数学与其他学科之间也有相关的联系，如每门学科的定性研究都会转化为定量研究，数学学科正好可以解决量的问题。数学是最基本的学科，也是最有科学哲理的学科。无论自然科学还是社科类，一切问题都要回归数学，用数学的方法严密论证和推理，然后实践检验。因此，数学在高中教育中已经和英语、语文并列为三大重要的基础学科，数学学好了，对学习物理、化学、生物等方面都有很好的帮助。数学应用的广泛性也是数学最显著的特点之一，主要包括两方面：第一，在生产、日常生活和社会生活中，我们几乎每时每刻运用着最普通的数学概念和结论；第二，全部现代科技的发展都离不开数学，因此数学应用的广泛性是必不可少的。

第三节　现代教育技术在高中数学教学中的作用

应用现代教育技术来实现教学最优化是一项系统工程，需要各部门的共同努力。目前，教育技术和教育信息化得到了各级教育行政部门领导的高度重视和大力支持，现代教育技术的出现，为高中数学教学最优化提供了条件和基础，没有现代教育技术的介入，所谓的"最优化"只能在低层次上徘徊。现代教育技术以"最优化"为目标，而"最优化"又必须借助于现代教育技术才能充分实现，"在现代教育技术条件下，实现高中数学教学最优化，关键在于应用现代教育技术进行整体教学设计优化"[①]。

一、现代教育技术能够改善高中数学教学环境

真正的现代教育条件中，多媒体主机是教师课堂上唯一的操作平台，教师上课不必再抱着录像带、幻灯片到处跑，只要用鼠标轻轻一点，就可以把服务器的多媒体教材调用到教室，用投影或电视实时播放出来，进行课堂多媒体教学。教师用普通的纸和笔可以取代"黑板+粉笔"的授课方式，改善教师的教学环境。无论在多媒体机房，还是在电子阅览室，学生都可以利用当地的计算机终端，直接调用教学信息资源库的有关教学信息资料或交互式自学多媒体教材，开展小组教学或自学。

二、现代教育技术有利于优化高中数学教学过程

教学过程优化设计是实现教学最优化的核心和关键。在教育最优化理论的指导下，以人为本，以"学"为主体，引用现代教学设计原理，以计算机技术和网络技术为基础，运用信息传速与视频处理技术使现代教育媒体与传统教育手段有机结合，建设一套集教学设计和施训、教学评估和管理于一体的完整的教学系统。

---

① 赵晔明.现代教育技术条件下高中数学教学研究［D］.呼和浩特：内蒙古师范大学，2009：27.

（一）优化数学备课环节

备好一节数学课，教师先要对学生进行充分的了解。现代教育技术条件下使得教师对学生学习情况的了解更加容易，这主要得益于现代教育技术提供的及时教学反馈功能。

现代教育技术条件下，每节数学课的教学目标可以事先通过网络分发给学生，让学生提前对教学目标有一个了解，从而为下一步教学做好准备。

现代教育技术条件下，数学教学内容的组织编排更加迅速、合理、深刻。数学教师在教学准备过程中，通过各自办公室的终端在网上检索、浏览、下载、收集、整理和编制相关的资料进行备课，写出电子教案或教学课件。由于超分布性和大家的参与性，资源共享，形成了强大、全面的制作能力。

（二）优化数学教学设计

增加学生数学知识存在两个途径：一是教师的殚精竭虑，把知识尽可能地传授给学生，这是教学量上的增加；二是强调新技术，用计算机辅助教学，使学生学会如何获得各种知识的方法，这可导致学生在学习知识方面发生质的变化。

教学系统设计是将现代教与学的理论与网络教学实践相联系的桥梁。教学系统设计旨在通过精心设计的教学系统为学习者提供最佳的教学条件，用以解决教学问题，完成教学任务，取得最优的教学效果。教学系统设计为了追求教学效果的优化，不仅关心如何教，更关心学生如何学，在其设计过程中注意把人类对教与学的研究结果和理论综合应用于教学活动中。现代教育技术条件下，数学教师根据教学目标、运用教学过程最优化理论和原则、借助现代教育技术，发挥教师的主导作用来进行教学设计、使用教学资源、制定教学策略，用新型的教学模式帮助学生学会获取有用知识的方法和途径，真正提高教学效率；借助现代教育技术，优化教学设计，合理使用教学资源，准确制定教学策略。现代教育技术的优化作用主要表现在多媒体教材画面逼真、色彩鲜艳、字体清晰，具有变远为近、变大为小、变虚为实、化静为动等功能，能多层次、多角度地呈现教学内容，创造立体性的教学空间，使深奥抽象的数学理论具体化、形象化，以激发学生的学习兴趣，加深对所学知识的理解和消化，为学生系统地掌握知识、提高专业素养提供了必要的保证，也给传统的启发式、诱导式等教学方法增添了活力。

现代教育技术条件下，高中数学教学更有活力。开展多媒体网络教学，可以充分发挥学生学习的主动性和参与意识，调动他们内在的学习需求，激发他们的内驱力，从而有利于发挥学生的独立性与创造性。文、图、声、像并茂且具有很强交互性的多媒体资料使学生不仅能眼见其形，耳闻其声，而且手、脑并用，双向交互，能调动多种感官共同参与认知活动。与其他教学手段相比，在同一时间内，一方面数学教师能将抽象的概念表达得更加准确、清楚、透彻，缩短了讲授时间；另一方面使学生增加了所接受的信息量，增强了记忆的效果，加快了对所学知识的理解、消化速度，使学生在较短的时间内更快、更好地学到更多的知识。

现代教育技术条件下，高中数学教学受时空限制的程度降到最低。现代远程教育是随着现代信息技术的发展而产生的一种新型教育形式，是构筑知识经济时代人们终身学习体系的主要手段。远程教育是指学生和教师、学生和教育机构之间主要采用多种媒体手段进行系统教学和通信联系的教育形式。相对于传统的面授教育，远程教育有这样几个显著的特征：在整个学习期间，师生准永久性地分离；教育机构或组织通过学习材料和支持服务两方面，对学生的学习施加影响；利用各种技术媒体联系师生，并承载课程内容；提供双向通信交流；在整个学习期间，学生主要是作为个人在学习，为了教学目的和社交进行必要的会面。网络教学系统应用于教学后，突破了传统的有围墙的学校教育模式，使学生摆脱了学校课堂的时间和地域限制。多媒体的集成性和交互性与网络上资源的共享，使网上学校成为现实，扩展了教学的时空范围。

（三）优化教学管理和教学评价

教学主管部门通过教学管理系统直接了解的教师授课情况和学生的学习情况，掌握教学动态，并根据反馈信息来修改教学计划，制定出更加合理的教学策略。

第二章

教育信息技术与高中数学教学的课程整合

第一节 信息技术与课程整合的内涵特点

一、信息技术与课程整合的内涵

（一）信息技术与课程整合的概念

第一，信息。信息技术与课程整合中的信息是指已经光电化了的信息，这些信息能够通过光电设备进行传输、存储、编辑、显示等。

第二，信息技术。信息技术是指用于采集、存储、编辑、传播、显示、输出信息的设备及相关处理方法，主要包括了多媒体技术、计算机技术、通信技术、网络技术等。信息技术包括两个层面，一是设备层面，另一个是方法层面。方法层面是指利用设备如何采集、搜集、存储、编辑、传输、显示、输出、加工、利用等的方法，方法是基于设备的，不能脱离设备而单独思考方法问题。

第三，课程。课程是课程目标课程结构、课程内容、课程资源、课程实施、课程评价、课程对象及课程实施条件等要素构成。

第四，整合。整合是指将两个不同类型的概念、对象、手段、方法、效果或行为根据需要，按照一定的原则、约束和规程形成一个新的概念、对象、手段、方法、效果或行为。整合可能是组合，也可能是混合，甚至是交融产生新的概念、对象、手段、方法、效果或行为。此外，能够整合的两种要素可能是概念、对象、手段、方法、效果或行为中的同类要素，也可能是不同类型要素，这有很大的区别。

第五，信息技术与课程整合。这是指运用信息技术手段，提高课程中教学过程的质量和效率、效果。信息技术与课程的整合，一方面是信息技术，另一方面是课程。在这一整合中，信息技术与课程是全方位、全过程的整合，信息技术是教学支撑环境。在课程目标方面，信息技术的引入可能会引起课程目标范围的扩充，如利用网络完成作文的能力，这属于语文能力培养目标的扩充。然而这种扩充划为学科范畴，并不属于信息技术范畴。在课程内容方面，信息技术能够改变承载课程内容的介质和呈现的形态，这让课程内容变得丰富多彩。在教学设计方面运用信息技术，教学条件和教学环境随之会产生根本性的变化，教学内容的呈现形态也会产生质的飞跃，随之变化的还有教学模式的设计形式、教学方法的结合、教学步骤的次序及教学评价方法的选择等方面。在课程实施方面运用信息技术，使之成为课程实施的支撑平台，如为讲授型、自主学习型、合作探究型、反馈交流型等课程形式提供有效的支撑环境。在课程评价方面，运用信息技术可以从各方面为评价的操作提供合理、有效的技术手段，如自我评价、学生评价、教师评价、学校评价、社会评价等。

（二）信息技术与课程整合的目标

信息技术与课程整合并不是将信息技术仅作为辅助教学的工具，而是要强调运用信息技术来营造一种信息技术环境下的教学，该环境能够支撑创设情境、启发思考、获取信息、共享资源、多重交互、自主探究、合作学习等多方面要求的教学方式或学习方式。实现一种既能够发挥教师的主导作用，又能够体现学生主体地位的以自主—探究—合作为主要特征的教学方式，可以将学生的积极性、主动性、创造性等充分地发挥出来，使传统教学结构发生根本性变化。

"教学结构指的是在一定的教育思想、教学理论以及学习理论的指导下，在一定环境中所展开的教学活动进程的稳定结构形式，是教学系统四个要素——教师、学习者、教学内容以及教学媒体之间相互联系、相互作用的具体体现"①。显而易见，教学结构变化的主要特点是师生之间关系和师生之间地位、作用的变化，素质教育要求有利于体现学生主体地位的改变，才能真正培养学生的创新精神与实践能力。

此外，信息技术与课程整合的目标就是要为国家、为社会大批地培养创新人才，这成为我们国家素质教育的主要目标，当然也成为当今世界各国新一轮教改的主要目标，这也正是西方国家大力倡导、推进信息技术与课程整合的主要因素。我们务必要深刻认识信息技术与课程整合的目标，才能深刻领会它的重大意义和深远影响，才能够真正地弄清楚我们为何要开展信息技术与学科教学的整合。

（三）信息技术与课程整合的定位

在任何学科的教学中结合任何技术，都是通过有效支撑教与学的步骤来发挥作用的，

---

① 周西政．普通高中信息技术与课程整合的新探［M］．长春：吉林大学出版社，2019：1.

它们的性质与作用就是教学工具，信息技术是与常规教学手段等同性质的教学工具。

在课堂的教学过程中，若存在具有下列情况的教学步骤（或环节）时，才是结合信息技术的最佳时机：常规教学手段实施存在困难（或在质量、效率相对较低）及无法实施时，运用信息技术手段能够有效支撑（或能够提高质量、效率效果），这样的步骤（或环节）称为整合点。从理论意义上来看，整合点应定义为课程中任意一个教学步骤（或环节），只要信息技术支撑它的实施优于传统教学手段就称其为整合点。而在教学实践中，我们投入更多关注于那些传统教学手段实施存在困难的环节，如重点、难点，这样的课堂教学质量、效率效果才能够得到大幅度的提高。

按照整合点的定义可知，课堂中的教学步骤中可能存在一个或多个整合点，也可能一个也没有。在教学过程当中，有必要结合信息技术的整合点才有意义。在整合过程中，应考虑两方面问题，一方面是哪些内容值得整合，另一方面是哪些整合点的价值大。学科教学当中可能存在有价值整合点的方面如下：①知识学习转变为能力培养—营造学生能够参与的过程；②满足学生的能力差异—提供不同层次的培养内容；③满足学生的兴趣差异—提供不同类别的培养内容；④动态调整教学—建立实时获取学习情况的渠道；⑤帮助学生共同发展—建立支撑平台；⑥提高学习效率—提供有效的知识与信息形态；⑦知识综合运用—建立系统运用的环境。

二、信息技术与课程整合的特点

信息技术与高中课程整合是基于课程整合的理论和方法，将信息技术有机融合到其他学科的知识中去，把它作为学科课程的一个因素，把学科知识的学习和能力的培养与信息技术知识紧密结合起来，也可以培养学生的信息素养。在解决各种问题的过程中学习、掌握学科知识，使信息技术潜移默化地融入学生的知识结构中。

信息技术与学科课程的整合是以教学效果、学习效果最优化为出发点，对教师而言是教学的工具，具体讲是分析的工具，教师以此作为分析教学中各个环节的工具，也是对整个教学过程、教学环节进行评价的工具；对学生而言，具体讲是学习的工具，是作为交流信息和解决问题的认知工具。这些具体到信息技术与高中数学课程整合上，又有其特殊性。

第二节　信息技术与高中数学课程整合的思考

一、加强软件与硬件课程的资源建设

信息技术与高中数学课程整合，必须有相应的软件和硬件支持，因此要加大对高中信息化的投入，为信息技术与高中数学课程整合提供条件，特别是非重点中学和农村中学的软硬件资源建设。当然，"也要考虑到本地区的实际情况，要根据当地的教育水平、经济状况，有计划地逐步实施教育信息化"①。依照国情，《高中数学课程标准》中提出的目标是应让每个学生都拥有和使用科学型计算器，并准予带进考场；每所高中都有计算机用于课堂演示，在标准大面积实施时，每所学校都能够上网。

有目的、有计划、分步骤地建设数学学科教学资源库，例如多媒体教学素材库、数学教学单元库、数学资料的表现方式库、数学教学案例库及学科网站等，并统筹规划，实行数据库管理的规范化，便于检索使用。

二、掌握信息技术与高中数学课程整合的实质

信息技术与课程整合可分为"大整合论"和"小整合论"，持"大整合论"的人一般都是专家和学者，而我们一线教师和教研人员一般说的是"小整合论"，我们更加关注信息技术应用于教学实践中的问题。

信息技术与数学教学整合的最终目标是通过信息技术在数学教学中的使用，运用教学设计的方法将教师、学生、内容、媒体系统地加以考虑，使学习内容的组合更加合理、清晰，课堂教学结构的设计更加优化。信息技术在数学教学过程中，不仅是教师的教辅工具，更是学生自主学习、建构知识意义和情感激励的工具，但在实际教学过程中我们发现许多教师并没有真正理解信息技术与数学教学整合的内涵，他们深受行为主义学习理论的影响，仅仅把传统的以"教"为中心的数学教学模式加上"信息技术"，信息技术只是作为课堂教学的装饰和点缀，课堂教学过程由"人灌"变成了"机灌"，教师依然处于主体地位，学生处于被动接受的地位。因此，并没有真正发挥信息技术在数学教学过程中所具有的优势。

三、体现信息技术与高中数学课程的学科特点

信息技术与学科教学整合要在体现学科特点、改革传统教学的基础上，将信息技术作为教师的教学工具、学生学习和认知道德工具等形态与学科教学过程紧密地结合起来。著名教育技术专家何克抗教授说，要注意结合各学科的特点去构建易于实现学科教学整合的新型教学模式。现代教育技术进入数学教育必须考虑数学教育的学科特点，满足数学教育的特殊要求。数学是集严密性、逻辑性、精确性和创造性与想象力于一体的学科，数学教

---

① 杨维海.高中数学课程与信息技术的整合［M］.北京：光明日报出版社，2018：248.

学则要求学生在教师设计的教学活动或提供的环境中通过积极的思维不断了解、理解和掌握这门科学，于是揭示思维过程、促进学生思考就成为数学教育的特殊要求。数学需要进行思维训练，仅依靠课件表面的生动难于激发学生持久的学习热情，而且也难以达到数学教学的目的。所以，数学就不适宜大量使用音频和视频等手段，如果一味地追求形象、直观、具体、生动的效果，忽视了学生的认知发展规律，使学生对学习情境的依赖心理增强，结果养成了学生抽象思维的惰性。反之，如果过于追求大而全的逻辑知识体系，注意了数学的科学性，却忽视了多媒体计算机本身的特点，把课件做成了数学课本的电子版，就会偏离信息技术与数学教学整合要求。

虽然我们看到"几何画版""几何专家"和"TI 图形计算器"一类软件的引进使我们的认知发生了很大的变化，也就是计算机的确在数学教育中存在深藏的潜力，但把潜力转化为胜过传统教学的优势还有待于教师的挖掘，即教师的二次开发，需需要教师在教育平台上把计算机的数学技术、按钮技术、窗口菜单技术等多种技术与数学教学的内容、学科特点等结合起来用于数学的教学过程中。

四、重视信息技术与高中数学教学整合的问题

（一）信息技术与高中数学教学整合要合理地进行教学设计

数学如何与信息技术整合，这是最值得讨论的一个问题。其他的学科如史、地、政、生等在利用信息技术时可以利用丰富的视频、音频等多媒体效果刺激学生的感官，激发学生的学习兴趣，但数学学科有它自身的魅力，这需要教师不断地改进教学设计，利用"实验演示"和"问题背景"吸引学生，以达到激发兴趣的目的。例如，在案例"正方体的截面"的教学中，信息技术的应用不仅仅是直观教学，而且还是通过设计作图实验和与之相适应的恰当问题来引导学生观察和探究、兼顾抽象和直观的关系。在教学过程中，教学的重点在于设计层层深入的实验，并通过各种情况的考虑来引导学生观察，启发学生思考，讨论得到正方体截面的各种情况。

信息技术应用于数学教学，可能会发挥其巨大的优势，也可能产生副作用，这主要取决于教学设计。教师应该清醒地知道应在何时、何处使用信息技术，应该明确此时使用信息技术对于学生的数学学习和数学理解的意义，应该意识到这种使用是否有利于学生发展，是否有利于他们对概念、问题的深入研究和进一步猜想。通过科学地使用信息技术，学生可以更深入地学到更多的数学知识。信息技术不应该作为基本理解和直觉的替代物，而应该作为培育这种数学理解和直觉的工具。信息技术支持下的数学教学中，教师的作用不但丝毫没有减弱，反之在信息技术环境下，数学课堂中师生双方将面对更多未曾预料的

问题。为此，教师更应科学合理地选择信息技术应用的方式及课堂提问的方式，充分发挥组织者和引导者的作用，这就必须进行科学的教学设计。

教师要根据教材内容，选择需要的技术支持。对于高中数学教材，有的内容适合利用课件进行教学，有的则并不适合，因此，在教学设计时必须正确估计学生在教学过程中可能会出现的问题和困难。使用信息技术要能体现先进的教学思想和理念，为学生提供丰富的学习资源，清晰地认知导航途径。然后整堂课围绕信息技术的应用展开，还要按教学内容的需要与否而定，教师要按照教学大纲的要求明确学习的目的、确定教学方法、选择教学手段和媒体，用形象化的课件渲染课堂环境，教学方法严谨、适用，从而创造不变换的课堂环境，吸引学生的注意力，激发学生的学习兴趣。

（二）信息技术与高中数学课程整合必须根据教学内容

并不是所有的数学课堂都必须利用信息技术，也并不是所有的数学教学内容都适合利用信息技术。我们说信息技术的应用，是为了把传统教学中本来要做的事做得更快更好，轻松实现传统教学中想做而无法做到的事情，因而必须根据高中数学教学内容来进行"整合"。

在教学内容上，应选择那些传统教学方式中不好讲清的内容，借助信息技术可以向学生展示难以用语言或传统教具阐述的事实，帮助学生从直观过渡到抽象。具体从以下几方面着手：

第一，关于从常量到变量的问题，如代数中的函数问题和解析几何中曲线与方程等知识，可以利用 MATHCAD、"几何画板"或图形计算器等软件得出对应的函数图像进行辅助教学。

第二，关于从静态到动态的问题，如有关轨迹的问题，可以利用"几何画板"图形的计算和轨迹跟踪功能来制作动画，演示轨迹的形成过程。

第三，关于有限到无限的问题，如渗透极限思想的教学，切线与割线、渐近线等概念，以及用逐步逼近的方法直观地描述圆柱、圆锥、圆台的体积等问题，可以使用计算机的模拟演示，突破学生思维的瓶颈。

第四，关于平面图形到空间图形的问题，如立体几何中，柱、锥、台的概念，以及它们侧面展开图的学习，通过软件动态演示形成过程来解释空间图形点、线、面的位置关系。

第五，逻辑思维与形象思维结合的问题，如数形结合教学，各类函数、向量等内容，利用计算机的快速处理来形成生动的图像变换，有效揭示数与形的内在关系。

第六，探索性、研究性问题，如数学活动与数学实验，包括几何体的截面、事件发生的概率、圆锥曲线的统一定义、新型规划的求解、定积分的应用等问题，可以利用计算机模拟事件的发生过程来设置问题的情境，探索问题的解决方法。

第七，复杂的图形绘制与烦琐的计算之类的数学问题，如绘制各种几何体的直观图教学与函数图象和性质的教学、统计学的内容，可以利用计算机或图形计算器的快速计算与作图能力，提高课堂教学效率。

例如，案例"正方体的截面"是用了几何画板的作图功能，案例"指数函数"是数形结合的教学，案例"数学建模"是用了图形计算器的快速计算与作图能力。信息技术的应用的确发挥了其不可替代的优势，轻松实现了传统教学中想做而做不到的事，很好地突破了教学难点，所以说信息技术与高中数学教学的整合应根据数学内容自身的特点，才能更好地运用信息技术体现整合的价值。

（三）信息技术与高中数学课程整合要选择合适的教学软件

信息技术与高中数学课程整合需要有"技术"的支持，仅依靠缺乏交互性的演示型课件难以实现真正的"整合"。目前有很多数学教学软件，为信息技术与数学教学的整合提供了良好的教学平台。教师要善于探索和应用这些教学平台，开展信息技术与数学教学的整合。我们探讨以下相关的软件，可以较好地支持信息技术与数学教学的整合。

第一，"几何画板"。"几何画板"不仅能够动态地表现几何关系，而且还突出了"家户型"的特点。换言之，它不仅能够作为一种演示工具，更重要的是它也是一种帮助学生探索和理解的工具。"几何画板"不仅可以很好地帮助学生理解他们所学的数学知识，而且可以灵活变通，帮助学生理解各部分知识之间的联系。同时，对于以抽象见称的数学亦可以用"实验"的形式进行，这不仅符合学生的认知过程，而且有利于培养学生的创新精神。

综合而言，"几何画板"的优点有四方面：一是功能强大，可以满足教学工作多方面的需求；二是形象直观，可视化效果好，通过它可以使知识内容一目了然；三是操作简单，不必进行系统的学习，多接触几次就能够熟练掌握；四是动感十足，不是一成不变的模式，变换效果好，而且操作简便。

第二，"Z+Z智能知识平台"——数学实验室。"Z+Z智能知识平台"是一种能够引用知识、运用知识、传播知识、学习知识和发展知识的计算机软件平台。它由平面几何、立体几何和解析几何等课程的知识平台组成，适合培养学习者的创新能力，支持教师在这个平台上进行多媒体课件的二次开发，是一个便于在课堂进行演示教学和在课下帮助学生利用软件进行个别化学习的知识平台。"Z+Z智能知识平台"是以信息技术为支撑改革高中数学教学的一个有效工具，同样也适合在网络环境下使用，不过它还在推广实验的初期，绝大部分地区还没有使用。

第三，图形计算器。目前，科学技术的发展已使计算器从计算型的时代跨入了绘图型的时代。在绘图型计算器中，尤其美国得州仪器公司生产的 TI—83pius 及 TI—92plus 计算器影响最大，现在国内也有了同类产品，经济发达地区已经有许多中学的学生人手一台。图形计算机有别于传统工具的两个重要特征：一是强大的代数运算功能，几乎囊括了中学数学教学涉及的各种代数运算，如代数式的化简、求和、因式分解、解方程、求导、不定积分和定积分等；二是较强的几何作图功能，不仅能以函数表达式、参数形式、极坐标等多种方式自动绘出函数图象，还提供了让操作者根据需要自己绘制图形的功能，这使得图形计算器具有特殊的探索功能和多种表示功能。前者使得学生在使用它时，把数学学习的过程变成了自己认识数学的过程，在对数学的不断探索中构建自我的数学认知。后者使得数学的本事——数学是关于模式的科学——得到了实现的可能性。所以图形计算器与高中数学教学的结合无论从数学的本体论来看，还是从数学教学的认识过程来看，都给我们提供了一种全新的解决方案，现代信息技术架设了数形结合的桥梁。在"几何画板"和"TI图形计算器"中画完图形后，立即可测算出数值，并能把图形变化过程中数量关系的变化（哪怕是微小的变化）直观地显示出来，这在传统几何中根本无法办到。图形计算器为数形结合的学习提供了绝好的试验工具。

第四，正确把握教师角色。现代教育技术环境下所发生的最根本的变化之一是教师作用与角色、学生学习环境的变化，教师不再是知识的提供者、权威和智慧的源泉，而成为学生进行探索和发现的伙伴、援助者、指导者、促进者和引导者；学生不仅仅是从听和做作业中获取知识，而且是在自主探索、合作交流的情境中进行学习。学生不再是知识的被动接受者，而是知识的主动探索者、问题讨论的启动者和调整者、问题解决的参与者和经历者。教学过程是教师活动和学生活动相结合的一个复杂的动态性总体，是学生在教师的引导下，教师和每一名学生积极参与并进行集体认识的过程，教为主导，学为主体，两者互为客体。

信息时代的数学教育需要信息技术，但同时也要突出教师的主导作用。任何先进的技术都不能取代教师，因为教师了解教材、了解学生，知道信息技术在何时才能在教学中发挥积极作用及怎样发挥作用。这样可以把计算机、多媒体及网络技术恰当地引入数学教学，计算机等信息技术是作为教师进行现代化教学的工具、手段和环境而出现在数学教学活动中的。

另外，教师与学生之间的情感交流对学生全面发展所起的作用是技术所不能及的。人是具有情感的，教师的激情、体态语言的使用；教师简洁、流畅、深刻而又幽默的语言的运用；教师对学生热情的帮助，鼓励学生建立自信；教师工整的板书等对学生情感、态度价值观的影响，是机器无论如何不能媲美的。所以，在数学教学过程中应该采取优势互补的教学策略，既最大限度地发挥计算机的优势，又最大限度地发挥教师的作用，把两者完美地结合起来。

五、厘清信息技术与高中数学课程整合的关系

（一）直观与抽象的关系

直观与抽象一直是数学教学的两个侧面，一般而言，数学教学倾向于后者，因为数学具有高度的抽象性，它的研究对象是形式化了的思想材料。另外，数学教学的目的之一就是培养学生的抽象思维能力。如果从对知识的理解、掌握、运用等标准来看，教学偏重对知识的掌握和应用，因此揭示思维过程、促进学生思考就成为数学教学的特殊要求。但同时又有事实证明学生接受形式化的抽象数学是困难的，从心理学的角度来讲，数学教学需要体现"直观性""过程性""再发现"的原则。信息技术与数学教学整合，可以把数学知识形象生动地展现在学生面前，帮助学生记忆和理解。信息技术的应用更重要的是以直观的方式表现数学问题的思维过程，解释数学的抽象本质，从而促进学生思考和理解，提高学生的抽象思维能力。

高中生的抽象逻辑思维明显占优势，并向理论型抽象逻辑思维发展，他们的辩证思维基本形成，主要有以下六个特点：

第一，能运用理论假设进行思维。高中生能撇开具体事物，运用抽象的概念进行逻辑思维，抽象逻辑思维的科学性、理论性更强，思维步骤更完整他们能按照发现问题、明确问题、提出假设、制定解决方案和实施方案，检验假设的完整过程去解决思维课题。

第二，思维具有更强的预见性。高中生的生活经验比较丰富，科学知识增多，对事物之间的内在联系了解得更深入。他们能对事物之间的规律联系提出猜想即假设，并设计方案来检验假设。

第三，思维形式化。高中生的形式运算思维已占优势地位。

第四，对思维的自我意识和监控能力显著增强。高中生思维的敏捷性、灵活性、深刻性、独创性和批判性明显增强。

第五，思维的创造性提高。高中生能对自己的思维进行自我反省，自我调控，以确保思维的正确性和高效率。

第六，辩证思维迅速发展。高中生的抽象逻辑思维和辩证思维协调发展、相互促进，高中生基本上能理解特殊与一般、归纳与演绎、理论与实践等的辩证关系，能用全面的、发展的、联系的观点去分析和解决问题。

高中生认知结构的核心部分——思维能力更加成熟，基本上完成了理论思维的转换，抽象逻辑思维占了优势地位，辩证思维和创造思维有了很大的发展，认知活动的自觉性明显增强，观察力、有意识记能力、有意想象能力迅速发展，思维的目的性、方向性更明确，认知系统的自我评价和自我控制能力明显增强。

信息技术应用与高中数学教学要根据高中学生的思维发展水平和数学教学内容抽象的层次进行恰当的教学设计，不要单纯地追求直观形象，更应考虑训练高中生的抽象思维能力，处理好形象生动与抽象理解的关系。

（二）数学实验与逻辑推理的关系

传统的数学作为一种形式逻辑体系，强调证明、推广、抽象等一系列演绎推理方式随着信息技术的发展，可以把数学实验引入数学教学。学校有物理、化学、生物等实验室很正常，有数学实验那可是新鲜事，信息技术的运用就可以为教师与学生提高进行数学实验的条件。数学实验就是把表现一个数学问题的各种元素构成一个程序，即构建一个问题的"情境"，在这个情境下去发现问题、验证结论或发现新结论。

数学实验有两种功能，一是为数学教学提供直观的背景，让学生猜想、发现问题，总结规律，为学生进行数学论证而提供感性的、直觉的材料，帮助学生探求证明的方法；二是对推理的验证。信息技术宜于为学生构建"实验"情境，使学生在各种情境中进行实验学习、建构学习、发现学习，学生通过对知识的形成过程，对问题的观察、发现、解决、引申、变化等过程的模拟和实验，深刻理解知识，把握逻辑演绎证明的本质，体验问题的发现与解决的乐趣。例如，通过计算机提供数据、做出图像或动态表现，使学生有了更多观察、探索、实验和模拟的机会，从而可以形成直觉和顿悟且可以做出采撷；有的可以通过检验假设来证明自己的猜想，既获得技能又取得经验。但数学的思维主要来自学生本人的心理运算和对运算的抽象理解，脱离了运算的内化，由实验归纳出的结论就不能上升到演绎推理的层次。

（三）课件演示与学生动手活动的关系

信息技术在高中数学教学中强大的演示功能是传统教学手段无法比拟的，利用多媒体辅助教学、投影、动画等多种信息传递，优化了教学过程，同时使学生深受现代教学观念的影响。但如果刻意追求多媒体教学的演示功能，势必会忽视教师的示范作用及其他教学媒体、教学手段的辅助作用，特别是忽视学生的动手活动。学生学习知识、获得能力的过程是对数学知识的一种体验过程，没有学习的内在体验就无法形成能力，学生要获得内在的涵养就要做到五到，即眼到、手到、脑到、心到、口到。例如，对函数教学中可以通过几何画板或函数作图处理器，结合动画技术来设置演示按钮，只要给定相应的参数，软件会自动生成函数图像；只要点击突变按钮就可对指定图像进行平移、压缩或拉长。通过这一系列变化过程的演示，学生能很快地抓住图像变化的特征，看清函数图像和各变量之间的变化关系，但仅仅是观看演示过程，学生会有一种像玩魔术一样的感觉，如果在演示之前让学生用五点作图法做出函数图像，这样学生有了作图的体验，则可以进一步加深学生对动态演示的理解。

（四）计算机投影与板书之间的关系

正确认识现代教育技术在高中数学教学中的地位和作用，不仅要应用现代技术帮助教学以被大部分学生和教师所接受，使提高教学质量和效益落到实处。

信息技术与高中数学整合，改变传统的教学模式，计算机投影成为课堂教学的一部分，但要注意不能把课堂教学由"人灌"变成"电灌"，把生动活泼的课堂教学变成机械的电脑播放。传统的黑板书写教学中，教师可演算、表述教学过程，尤其是书写解题步骤，到了思维的"十"字路口处或者学生易出错处便可以停顿下来，留给学生思考和选择的余地，即写即擦、随时改正；教师可以根据教学情况补充板书，方便、快捷、有效，教师的示范性和"人—人"关系的优越性是电脑无法替代的。在利用信息技术进行数学教学时，计算机投影可以用来演示动态的图形、数学试验的过程和结果及呈现教学内容、练习题等，但板书也是不可缺少的，板书应保留一节课的主体结构，如客体、定义、定理、例题及分析、演算过程及学生在教学过程中提出的新见解、新方法。板书应给学生清晰的知识线索，教师在板书时也给学生留下了思考问题的实践和空间，给学生留下了反思、发问的机会，这是过程性教学不可缺少的。而且在高中数学教学中，教师的板书更有示范作用，学生的板演对学生学习技能的培养更有着重要的意义，所以绝不能完全以计算机投影代替板书。

另外，教学评价要适当和及时。由于数学学科的特殊性，其评价有明确的"对"与"错"之分。教师在教学中如果对学生的学习不能做出准确及时的判断，就会影响学生进一步的学习和理解。教师的评价会激励学生积极投身到下一个教学环节，并对自己的学习进行反思，指导我们的教学法始终沿着有利于学生学习的轨道行进。

第三节 新课标下高中数学教学与现代教育技术的整合

随着现代教育理论的蓬勃发展和广泛传播，新课程改革理论的学习及新课程标准的相继实施，引发我们对高中数学教育中的资源及其运用方式进行一些理性的思考。新课程标准指出："恰当运用现代教育手段和技术，提高教学质量，应当重视现代教育技术与数学课程内容的有机结合，整合的原则有利于对数学本质的认识。"数学新课程的学习内容中大量出现了需要用现代教育技术与数学课程进行整合的内容，数学课程教学与现代教育技术整合还有较大的空间，教师可以在这方面进行积极、有意义的探索。现代教育技术的广泛应用正在对数学课程内容、数学课程教学、数学学习等方面产生深刻的影响。新课标下高中数学教学与现代教育技术的整合主要从以下五方面进行探讨：

第一，把多媒体信息技术融于数学教学，有助于提高学生的学习兴趣。有良好的兴趣就有良好的学习动机，但不是每个学生都具有，要激发学生的学习积极性就必须满足他们对新鲜事物的兴趣，而传统的教学和现在的许多教学都是严格按照教学大纲，无法满足学生的好奇心。"将多媒体信息技术融于课堂教学，利用多媒体信息技术图文并茂、形象直观的特点为学生创设各种情境，激发学生的学习兴趣"①。

第二，把多媒体信息技术融于数学教学，有助于学生探索发现。数学教学过程实际上是学生在教师的引导下，对解决数学问题的方法进行探索和研究的过程，继而对其进行严拓、创新的过程。于是，教师如何选择数学问题、设计问题成为教学的关键，这就要求教师在情境创设上要下功夫，围绕教学中心而展开。信息技术和多媒体教学软件的应用为教学提供了的很多良好的情境资源。

第三，把多媒体信息技术融于数学教学，有助于减轻教师的教学工作量。教师在备课过程中，经常需要查阅一些相关资料，翻阅参考书查找对应的练习，这需要一定的时间，如果做课件的话更要耗费大量的时间。

第四，把多媒体信息技术融于数学教学，有助于提高教师的教学水平。网络信息为教育工作者创建了一个庞大的交流空间，提供了取之不尽、用之不竭的教学资料。通过"网络"这个交流平台，我们可以学习到各地优秀教师先进的教学思想、教学理念、教学方法。实践证明，经常将多媒体信息技术用于课堂教学的教师，他的教学思想、教学理念、教学方法总是走在最前列。此外，教师在教学过程中应用多媒体信息技术和计算机辅助教学软件，就要求教师有相当的计算机使用技能，那么对于一些对计算机操作不甚熟练的教师，就需要在教学中不断提高和完善计算机软件的应用水平，这也是教学开展继续教育的一种途径。

第五，把多媒体信息技术融于数学课堂教学的反思，有助于教师转变观念。信息技术

① 张婷. 新课标下高中数学教学与现代教育技术的整合［J］. 科技创新导报，2010（33）：137.

在数学教学中的作用不可低估，它在辅助学生认知过程中的功能要胜过以往的任何技术手段。但它仅仅是课堂教学的资源和一个辅助工具，教学活动过程的核心是师生间的情感互动交流过程，这个过程是多媒体信息技术无法取代的。在师生互动的教与学过程中，信息技术已经成为产生数学问题、促进学生思维扩散的路标。另外，在日常的课堂教学中，有些教师在课件中使用了与教学内容无关的图片、动画、声音等，分散了学生的注意力，掩盖了主题知识的教学，教师却未意识到这一点，而陶醉于自己"漂亮的课件"之中，结果课堂效果甚微，所以教学课件应突出主体知识。

总而言之，利用多媒体信息技术辅助数学教学，要用在最需要和最关键之处，切忌在教学过程中滥用多媒体技术。多媒体教学有其优势与劣势，应当与传统教学结合起来，才能发挥多媒体教学的辅助作用，从而取得最佳的教学效果。

第四节 现代教育技术与高中数学课程资源的整合

近年来，现代教育技术被广泛应用于高中数学课堂教学的实践中，以计算机和网络为核心的现代技术，不但用于我们的生活和工作，而且正在越来越深刻地改变着学教方式。在数学课程教学中，利用现代教育技术改进教师的教学方法和改善学生的学习方式，特别是引导学生借助现代教育手段和技术去学习有关数学内容，探索和研究一些有意义、有价值的数学问题，提高学习能力、探究能力、创新能力呈现等势在必行。因此，现代教育技术与高中数学课程资源的整合主要有以下表现：

一、现代教育技术支撑课程的实施

所谓现代教育技术就是"运用现代教育理论和现代信息技术，通过对教与学过程和资源的设计、开发、利用、评价和管理，以实现教学最优化为目标的理论和实践"[①]。现代教育技术是现代教学设计、现代教学媒体和现代媒体教学法的综合体现，它以先进的现代教育思想、理论和方法为基础，以系统论的观点为指导，以计算机、数字音像、电子通信、网络、卫星广播、远程通信、人工智能、虚拟现实仿真、多媒体及信息高速公路等现代信息技术为手段，以实现教学过程、教学资源、教学效果、教学效益最优化为目的的一种教育技术。它也可以理解为在先进教学思想（理论）的指导下，以丰富的信息资源为基

---

① 许昱. 现代教育技术与高中数学课程资源整合探析 [J]. 考试周刊，2011（41）：58.

础，以教育技术为支撑，从数学教学的整体观出发，立足于学生能力的发展，以思维训练为核心，通过学生自主探究、合作研讨、主动创新来增强获取知识的技能，满足兴趣、情感等方面的需要，实现数学素质和信息素养的提高。

所谓现代教育技术与学科课程的整合就是通过将现代教育技术有效地融合于各学科的教学过程，来营造一种新型教学环境，以实现一种能充分体现学生主体地位的，以"自主、探究、合作"为特征的学习方式。

二、资源整合改变着课程实施者的行动

第一，利用多媒体音像技术，丰富学习内容的呈现方式，创设氛围，引起注意，激发兴趣。兴趣是力求认识某种事物或爱好某种活动的倾向，这种倾向是和愉快的情感体验相联系的，它是以需要为基础、注意为前提产生，经历有趣—乐趣—志趣逐级发展的。学生的学习兴趣来源于所接收的信息，信息的传递方式适合学生的口味，学生就容易接受且兴趣就浓。因此，教师要很好地把握"多媒体及网络信息资源"这个教学工具，最大限度地为学生传递更容易接收的信息，使学生在课堂教学中发挥出更多的聪明才智。

第二，利用虚拟现实仿真技术拓宽学习资源，通过"情境再现""过程还原"使数学学习成为"发现"的学习、"创造"的学习。建构主义认为，生动的学习情境可以缩短学生与教学内容的心理距离，使学生形成最佳的情绪状态，主动投入，主动参与，获得主动发展。充分利用现代教育技术，创建一个数学知识生成的典型场景，模拟一个数学知识发生、发展的过程，利用生动、直观的形象和动态、变换的过程，有效地调整好学生的学习情绪与唤醒长期记忆中的有关知识、经验和表象，诱发学生进行丰富的联想，从而使学习者能利用自己原有认知结构中的有关知识与经验去同化当前学习到的新知识、赋予新知识以某种意义，把认知活动与情感活动结合起来，使学生的学习过程成为"数学家"从已知到未知的探索过程，把被动学习变成主动探索。

第三，利用媒体展示扩充课堂的信息容量，增加教学的密度，提高了课堂运行的效率。借助计算机辅助可进行高密度知识传授，对信息进行优化处理，它利用文字的闪现、图形的缩放与移动、颜色的变换等手段，不仅容量大、速度快，效果也更好。

三、资源整合改变着学习者的行动

现代化教育手段的引入，不仅仅改进了数学教学的方式，更主要的是改变了学生的学习方式，真正实现了以集体教育为形式来促进个体发展的目标。

现代教育技术整合于数学教学中，提升教学中的"个性化"成分，由于增加学生动手操作、反复观察、用心体验的机会，有利于学生形成猜想、发现规律，探究结果，有利于

交流讨论，发现所研究对象的本质和共性，实现学生外在行为和内在心智的统一，促进学生知识与技能、情感态度与价值观的整体发展。

现代教育技术整合于数学教学中，让课堂的参与成分发生了"质变"，使学生也成为课程资源的开发者、建设者，至少能实现两方面发展：①师生共建课内资源；②在学生自主探究、创造性的学习和实践活动中还能生成课外资源。

四、对资源整合行动的有效思考

第一，必须把现代教育技术的应用，提高到先进的教育理念和现代教育思想体现的高度。先进的教学媒体只有为先进的教育思想服务，才具有目标和出发点，具有自由广阔的创作天地。此外，在多媒体技术水平接近的情况下，多媒体教学水平的高低、应用价值的大小，取决于课程实施者——教师的现代教育理论的修养和综合素质的高低。

第二，现代教育技术在教学中应用的关键是科学的教学设计。没有合理、实用、科学的教学设计，就会出现课程资源的不合理配置，就会发生有条件不能充分发挥作用、有能力而无法施展的情况。好的教材教学资源只有通过好的教学设计，才能使它的应用价值升值。

第三章

教育信息技术与高中数学课堂的有效教学

第一节　基于信息技术的高中数学课堂改革

当前信息技术在生产生活的各个领域都得到广泛运用。在教学领域，信息技术的使用也为教学改革创造了良好的条件。"在高中数学教学中，信息技术的运用可以使较为抽象的问题以具象的方式展现，帮助学生更好地理解知识本身。"①

数学教学有三个维度的任务：第一，教授数学知识；第二，培养学生的逻辑思维能力；第三，培养学生对于科学的热爱态度。高中数学具有一定的难度，有些知识点的抽象程度较高，学生掌握的难度较大。传统的教学模式以教师讲授并结合课后习题巩固为主，对于较难理解或不易掌握的知识点，传统教学范式难以提供较为有效的解决途径。而信息技术的运用则为解决抽象知识提供了契机，通过三维立体图、动画表达等多种方式，使得抽象的知识得以具象化展现，对学生理解抽象的知识有积极的作用。

一、基于信息技术的高中数学课堂改革优点

信息技术在当前的生产生活中被广泛运用，信息技术的成熟和发展也为其进入高中数学课堂提供了技术基础。信息技术所带来的技术变革也为高中数学教学改革提供了契机。相较于传统高中数学教学而言，信息技术运用于高中数学课堂有其自身的优势，具体如下：

（一）信息技术能够使教学内容简洁明了

信息技术在使用中最直接的表现就是多媒体课件的运用，即PPT的使用。在传统教学

---

① 徐文健. 以信息技术提升高中数学教学效果的路径探析［J］. 中国多媒体与网络教学学报（下旬刊），2021（5）：187.

中，教学的重难点往往通过教师的口头表达完成，而很多学生往往对于重难点的把握不够清晰，而课件的运用则可以使教学内容更加简洁明了地进行表达。教师可以将教学的重点和难点通过直观形式展现，而这也给了学生学习和记忆的时间。此外，信息技术作为传统教学的补充，对于重点知识和巩固习题则可以通过课件展示，这样既可以使知识点更好地展现，同时也节约了课堂教学时间。

（二）信息技术能够实现师生间的即时沟通

高中数学教学一方面需要课堂教学，而由于高中数学具有一定的难度，因此课下的理解、练习和巩固也至关重要。课堂教学时间的有限性使得教师仅仅够用于知识点的讲授，而对于拓宽视野的练习题，则没有较多时间完成；另一方面，学生的问题在需要教师解答时，传统教学中的时空限制使得师生的沟通具有局限性，不便于师生的即时沟通。

信息技术的运用则可以很好地解决这一问题，一方面如微信、腾讯 QQ 等软件的运用可以为师生的交流提供跨时空的平台，而教师也可以在其中上传补充性的知识材料帮助学生理解课堂教学的重点知识和趣味性知识，在培养学生兴趣的同时加深学生对知识点的理解和掌握。此外，当学生在学习中遇到困难时，软件平台的运用为师生交流提供了即时交流的可能，学生可以随时向教师请教具有难度的知识，而教师则可以进行即时性的解答，从而帮助学生掌握知识。

（三）信息技术能够使抽象的知识具象化和趣味化

高中数学的难度体现在部分知识的抽象性较高，不仅增加了学生掌握知识的难度，其困难也使学生难以在其中获得乐趣，而多媒体教学则可以在一定程度上解决这一问题。一方面，在多媒体课件中针对抽象性问题，如立体几何等可以通过动态图形进行全方位的展示，从而使学生从更加具象化的角度掌握这一知识；另一方面则可以使得枯燥的高中数学更具有趣味性。例如，针对某些与学生生活较为接近的应用性知识，通过短视频的形式进行表达，学生在枯燥的数学中观看短视频，可以在缓解紧张节奏的同时在学习中获得乐趣，有助于获得预期教学效果。

二、基于信息技术的高中数学课堂改革策略

信息技术的运用在当前一个时期可以作为传统数学教学的补充，通过信息技术的运用增加数学教学的趣味性、生动性，使抽象的知识以具象化的形式得以展现。而信息技术走进高中数学课堂，可以围绕以下三方面进行展开：

（一）利用信息技术加强数学的趣味性

兴趣是学生学习最好的老师，而兴趣培养的一个重要途径是学生在其中获得了成就感和满足感。高中数学本身就具备了较高的难度。传统高中数学教学中往往教学方法单一，有比较明显的趋同化，即按照理论讲解、例题分析、学生练习的步骤展开。学生在学习时容易感觉厌倦，难以获得数学学习的兴趣。

信息技术具备了传统教学没有的优势，在数学的表现上不仅可以有传统教学中的文字，而且还可以通过图形、视频、颜色等多种样态进行展现，使得数学课堂更加丰富多彩，增加数学课堂教学的趣味性，使学生在其中获得较多的乐趣。例如，在讲授"方程与圆"一课时，教师可以利用多媒体展现生活中的圆形事物，如桥洞轮廓、隧道口截面图等。在展示图片的同时，教师引导学生观看图片并讨论分析图片，让学生参与到课堂讨论的学习当中，由此创设师生互动、开放活泼的教学氛围，帮助学生掌握相应的知识点。

（二）将抽象知识以具象化形式表达

高中数学当中存在着较多抽象的知识，需要具备较强的逻辑思维能力，高中生处于个体抽象思维发展时期，思维能力还未足够成熟，因此对于相对抽象和复杂的数学知识，在理解方面存在着一定的困难。这就需要教师将抽象的知识用更加形象的形式进行表达，以帮助学生的理解和掌握，而信息技术中的动图、动画等手段则可以帮助教师实现这一目标。

例如，在讲"椭圆"这一内容时，单纯的定义讲解并不能让学生很好地理解离心率对椭圆形状的影响，而传统教学中教师画平面图的形式也难以对这一内容进行直观的表达。而借助于计算机技术，教师可以利用动图的形式，通过多媒体动画来展现离心率的变化对椭圆形状的影响，教师也可以让学生自己到讲台操作并观看二者之间的关系，这种方式可以用具象化的形式让学生理解椭圆第一定义的内涵。而在讲到立体几何时，通过动图可以让学生看到立体图形的全貌，增加学生对于立体几何的全方位认知。

（三）搭建互动交流平台，提升教学效果

教师可以在班级内部搭建网络平台，将教学延伸到课堂之外。在这些平台上学生实时互动并进行疑难数学问题解答，或者在这些平台上展开错题辨析及数学解题思路探讨等，有效地提高了教学成效。例如，在讲到"数据与图标"这一内容时，教师首先在上课之前可以通过网络平台布置预习作业，同时教师可以将相关的数据、拓展内容通过网络平台进行布置，使学生对于所学内容进行针对性的预习；而在课后，则可以通过网络平台布置巩

固作业，同时将有助于学生理解知识的材料上传到网络平台，加深学生对知识点的理解。

网络技术的运用为高中数学教学改革提供了契机，高中数学既传授知识，同时也培养学生的逻辑思维能力，对于学生的知识掌握和未来发展有重要作用。高中数学的抽象性和复杂性使得部分学生在掌握时有一定的困难。而信息技术的运用不仅可以将抽象的知识以具象化的方式进行展现，同时可以实现教师多元教学方法的综合运用及实现师生之间跨越时空的交流，从而对于学生掌握知识、发展能力有着积极的推动作用。

第二节　高中数学课堂教学及其有效教学设计

一、高中数学课堂教学理论

以下主要探讨五种教学理论，这五种教学理论虽然各有特色，对教师教学和学生学习有着不同的指导意义。五种理论都强调了以学生为本的理论主张，这是现代教学论的鲜明特色，重视学生在学习过程中的地位与作用，还原学生在教学中的主体地位，有助于课程与教学朝向健康的方向发展，完成教育培养人、塑造人的最终目的。

（一）教学认识论

教学认识论是在对教学本质的追问中产生的，该理论的持有者认为教学活动在本质上是人的认识活动，这种认识不同于一般的认识过程，是以学生为认识主体的特殊认识过程。教学认识的客体以间接经验为主，这类对象性客体是教育者根据教学认识的目标，按照一定的原则选择、建构而成的人类知识经验的特殊系统，也即教学内容。这些内容是关于客体的属性及其规律的科学知识，关于活动尤其是认识活动的科学方法、道德与审美关系及与活动相联系的价值经验等。在教学认识中还存在工具性客体，是表现、再现对象性客体的形式、手段或载体，也即教材、教具等教学媒体。

1. 教学认识论的基本特性

教学认识论有三个基本特性，即有教师、以间接经验为主和发展性。有教师强调了教师在教学活动中的地位是不可或缺的，学生要在教师的指导下进行系统的学习。在教学过程中处于主导地位，教师负责依据教育方针政策来把握教学的方向，教师也被赋予了权力，依据教学内容及学生情况来选择教学的方法，也就是决定学生认知的途径。以间接经验为主是指学生在教学认识的过程中，主要以间接经验为学习内容。在教学中，间接经验以固定知识的形式存在于教材之中，形成系统的科学文化知识。发展性是指教学关注学生的发展，正如教学认识论所指出的"发展主体是教学认识的根本目的和显著特点"。

2. 教学认识论的主要方式

教学认识的方式指教学过程中学生认识活动存在的形式、结构及发展阶段。教学认识的主要方式是掌握，学生通过掌握教学内容而获得认识的发展，学生通过接受式学习和掌握式学习两种具体的认识活动形态来实现对知识的掌握。在教学认识过程中，学生需要经历从感性认识到理性认识、从具体到抽象、从抽象上升到思维的具体发展过程。教学认识的特点体现为由教师传授到学生接受的过程中，伴随着观察、实验和实践活动，促使学生发现和探索。

3. 教学认识论中"学生为中心"的重要体现

教学认识论并没有明确提出"学生为中心"的观点，但是在其理论结构中，确有提升学生的地位，具体体现在以下两方面的具体论述中：

（1）学生是教学认识主体。在教学认识活动中，学生是认识的主体，教学认识是学生的个人活动，具有特殊性。对特殊性的提出考虑到了学生心智未成熟，属于未成年人，因此教学认识活动应当有教师指导，进行有组织、多样综合的认识活动及内容，教学认识受到社会性制约。同时，教学认识论提到了学生作为认识的主体具有主观能动性，在认识活动中应当充分考虑学生发挥主观能动性。

（2）学生主体所包含的结构要素。智力因素、非智力因素、思想品德因素、身体因素和知识结构是存在于学生身上的结构要素，这些要素对教学有着重要的影响，对这些要素的关注则体现了对学生的关注，承认学生的认识活动即学习受到以上要素的影响是教学认识论学生观、学习观的一大进步。在非智力因素中，教学认识论关注了学习动机的存在，学习动机的引发、定向及情绪调整能够帮助学生改善学习，改变了以往填鸭式的教学方式，是对学习主体的尊重。由此可见，教学认识不只是重视认识活动的过程本身，还考虑到了学生的情志活动和价值体悟，强调了智力因素与非智力因素的相互协调与促进。

（二）教学实践论

1. 教学实践论的特殊性表现

教学实践的特殊性主要表现在三方面：首先，学生的实践活动是以认识客观世界、形成系统知识为目的的，属于认识性实践；其次，学生的这种实践活动是在教师的指导下进行的，可以少走弯路，这也是学生学习实践与成人生活实践的区别；最后，教学是一种简约化的实践活动，具有较高的活动效率。

在中国新课程改革过程中，实践的作用得到重视，在课程标准中虽然没有直接提及教学实践论的理论内容，但多处提及对教学过程中实践的要求，这也成为中国学者对教学实践论研究的推动力量。

2. 教学实践论需注意的问题

（1）教学实践论是对教学本质的再认识。教学实践论从认识论角度受到教学认识论观点支持者的反驳，教学认识论支持者认为实践是认识的一部分，是用来提高认识的，教学中的实践观点也是为了促进学生教学认识的发展。

（2）应当避免教学实践论与教师的教学实践相提并论。我们所探讨的教学实践论是对教学过程本质的探讨，也是研究学生获得知识与发展的过程与途径，而教师的教学实践特指教师的教学工作，还是对教师教学工作实施的研究，如教师的教学实践机智、教师实践智慧等命题都不包含在教学实践论的研究范畴之中。

（3）学生在实践中获得直接经验与学习间接经验的关系处理。教学实践论倡导学生通过亲身实践来获得体验，但不意味着学生的学习全部以直接经验获取为途径，间接经验的学习是学生掌握大量科学文化知识和技能的便捷途径，只是在学生获得间接经验的时候应当关注学生内化这些知识的手段，注重以实践的、活动的方式让学生的学习变成可以感知的过程，而不是机械接受的过程。

3. 教学实践论中"学生为中心"的重要体现

（1）教学实践论尊重学生的主体地位。学生是课程教学实践的主体，无论教师还是新媒体设备都只能起到辅助作用。因此，在课堂教学中为了体现学生的主观能动性，必须增加课堂实践环节，让学生主动发现问题、解决问题。

（2）尊重学生个体差异，因材施教。教学实践论虽然将学生作为课堂学习主体，然而每个学生对知识的吸收能力和逻辑思维能力各不相同，因此在具体的课堂实践中难免会出现知识理解能力高低不一的情况。面对此种情况，教师除了要更改教学方式之外，还要重点关注学生的日常生活，通过对其生活体验的观察而因材施教。

（3）教学实践论关注学生在生活中获得实践经验。对学生而言，其所有的实践课程体验主要来自课堂教学，只有一小部分与自己的日常生活相关，然而丰富的生活经验或多或少会对教师教学产生影响，所以教师在课堂情境实践教学中可借助创设生活情境的方式，引导学生思考问题、解决问题，让教学实践更加生活化、日常化，学生也容易理解课堂教学的含义。

（三）生活教学论

生活教学论严格而言并不能构成一种教学理论，它仅是一种教育思想或者说是教育观点。但在新课程改革中提出了要加强课堂教学与学生生活及现代社会的联系要求，因此，"教学回归生活"的观点逐渐浮现并得到很多关注。

1. 陶行知的"生活教育"

著名教育家陶行知先生承袭了杜威的教育思想，在中国提出了"生活即教育"的观点，此观点是陶行知生活教育理论的核心。在生活教育的观点基础上，陶行知提出了"教、学、做合一"的生活教学论。陶行知解释说"教、学、做合一"是"生活现象之说明，即教育现象之说明，在生活里，对事说是做，对己之长进说是学，对人之影响说是教，教学做只是一种生活之三方面，不是三个各不相谋的过程。教学做是一件事，不是三件事，我们要在做上教，在做上学"。陶行知的生活教学论是在特定历史时期针对特定对象提出的，当时中国为了扩大教学的普及面，陶行知提出将教学融入生活、在生活中进行教学的观点。

2. "教学回归生活世界"观点

"教学回归生活世界"是当前生活教学论所倡导的观点，此观点在中国的兴起大致始于 20 世纪 90 年代末期，到中国新课程改革开始，"教学回归生活世界"的观点成为学者热切关注的问题，对教学回归生活世界的可能性、途径方法及价值意义等进行了深入的讨论与研究。

（1）教学回归生活世界的内涵。教学回归生活世界是指教学应当关注个体的生命价值和存在状态，尊重人的主体性、发展性和存在性，与学生的生活实际相联系，是源于学生的已有生活，为了学生未来生活的教育活动。

（2）教学回归生活世界的意义。教学回归生活是对教师与学生生活的关注，体现了人本主义教学理念，重视师生生活对教学的影响与作用，使师生进行的教学活动能够在生活中找到经验联结，使学生能够更好地与自身的生活实际结合，理解吸收教学的内容，并在生活中应用所学到的知识，使之深化巩固，教学回归生活是对生命意义及其价值的肯定。

（3）教学回归生活世界与生活教育的区别。教学回归生活世界并不完全等同于生活教育的主张，教学回归生活世界是倡导教育要体现生活价值、生命状态，在教学内容上与生活相联系，在教学目的上为生活做准备，在教学过程中体现生命关怀，重视师生教学过程的生活感受与生活体验。我们当前所提倡的教学是独立于生产活动的存在，也是符合现代社会发展需求的，但绝不是脱离生活、与生活毫无联系的。而陶行知所主张的生活教育是将教育融入生活，与生活形成一体，彼此不可分离。

3. 生活教学论中"学生为中心"的重要体现

生活教学论将学生视为学习的主体，同时也是生活的主体，学生在生活中的感受体验与经验积累对课堂教学的效果有着重要的影响，因此提倡教师重视将教学设计与教学内容整合等方面与学生的生活经验相结合，以便完成学生对学习内容的意义建构，促进学生的学习发展。生活教学论还提出课堂教学不仅仅是为了学生当下的发展，还应当为学生的未来生活做准备，关注学生的终身发展是对学生主体地位认识的又一进步。生活教学论的研究者还认为教学对学生的关注还不仅仅是学生的生活经验，也包含了学生可能的生活幸福感受，也即教学过程中学生的生命体验，因而提倡教学要能够提升学生的生命意义与生活质量。

（四）交往教学论

交往教学论是德国较有代表性的教学论流派之一，虽然其起初不如同时期其他流派那样影响大，但随着对师生关系研究的深入，其对学生主体性体现要求的追求、对中国交往教学论有着重要的影响，占据了重要的地位。1971 年，K. 沙勒与 K-H. 舍费尔首次提出了师生交往的教学论思想，它是在关注"师生关系"这一重要教学影响因素的前提下而产生的。20 世纪 60 年代末期，在联邦德国由于学生、家长和教师都不满于学校教育要求学生严格服从学校规范的教育制度，认为教育成为成人对学生的控制，因此产生了教育危机，这促使人们开始着重探讨师生关系的问题，交往教学论在这一背景下得到重视并深入发展。

1. 交往教学论的主要观点

交往教学认为教学是建立在师生亲密友好交往基础上的一种教学论主张。教学形式中师生交流方式应该是平等的、多元化的，双方都可以就一个观点各抒己见，让学生有表达的自由，这样一来课堂教学才能有成果，教学目标才有成效。

（1）交往教学强调的是教师与学生平等相处、注重爱心教育，要经常利用课间参加班级活动。这样既可以和学生交朋友及进行情感交流，也可以用自己的知识辅助答疑、寓教于乐，视学生需要去激发其学习兴趣。课堂教学中，教师并非绝对的权威，每一个学生都可以发表自己的观点、看法，师生之间互相交流以便共同提升课堂教学成果；学生也在一次次的互助学习中，逐渐提升自己的思想水平。此外，交往教学同样应用于学生之间，没有成绩优劣的优生、差生，只有平等互助而共同提升学习成绩。

（2）强调学生在课堂上的主人翁精神。课堂上要充分调动学生自主学习的积极性，教师要围绕着学生展开教学，在教学过程中使学生变被动学习为主动学习，让学生成为学习的主人，教师成为学生学习的领路人。师生之间互相尊重，共同探索课堂教学的意义。

（3）认为交往具有永恒性。教学中无时不存在着交往，交往贯穿于师生学习活动的始终。在课堂教学中，师生之间的言语表达交往的主要表现形式，而除言语之外的神情、体态等也被视作是交往的一种存在形式。非言语交往同样能够传递有效的信息，师生之间眼神、手势等的交往能更真切地体现出师生之间交往的默契。如果学生在课堂上出现沉默，教师也应当将之视为一种交往中的信息传递，是学生思想状态、注意力分布问题的表达，可能表达着学生对交往内容的好恶态度。教师应当及时调整交往策略，提出更有意义与吸引力的交往主题，改变学生的交往状态。

（4）交往具有整体性。不同于传统的课堂教学提问的对话形式，交往教学中的交往不是教师与个别学生的单独对话，而是强调交往的整体性，即交往是教师与学生、学生与学生、教师与文本、学生与文本之间的多维度交往。在沙勒给出的交往教学的案例中，教师不会指定哪位学生表达自己的观点，学生在获得交往主题后按照情境设置的需要充分表达自己的见解，学生之间会相互质疑并予以回应。

对于学生而言，他们享有表达观点的自由，课堂教学在轻松愉悦的氛围中进行，学生不必承受压力感，合理的交往原则是保证师生在教学过程中保持融洽关系的前提。在实际课堂教学中教师如果采用交往教学方式，就应当注意重视教学中的合作关系，教师与学生没有主次之分，且是学习中的合作者。在传统教学中，教师把握着课堂的主要话语权，在其有目的的引导下学生跟随教师的思维完成学习任务。

2. 交往教学论的教学环节

在课堂教学中要实现交往的目的，就应当有完整的交往教学流程，具体包括设计目标、交往准备、合作探究、交流互动、评价反馈等环节。

（1）设计教学目标。交往教学是一种上课形式，教学目标是课堂教学的最终目的。基于教学目标，才能有的放矢地进行交往教学。教学目标的设立应该遵循学科本身的特质，针对学生目前的学习水平、教学质量进行设计。由于在交往教学中存在多个不可控因素，需要在教学中强调发现学习、探究学习、研究学习、自主学习。对学生实施素质教育，培养其自主意识和自主学习能力，将是我国现代教育和未来教育的重要内容和目标。

（2）教学预案。交往教学的前提是课堂情境设置，需要教师为学生营造一个活泼轻松的愉悦氛围，通过情境教学给学生布置学习任务。因此，不同环境下的情境设置需要教师在课下仔细钻研。

（3）合作探究。交往教学中要想营造良好的沟通氛围，就需要学生的合作探究。学生能否积极主动地参与课堂教学活动是决定学生学习成败的重要因素，这就要求教师改革原有的教学模式，促进学生小组间的互助学习，使所有参与者为了实现全组的目标而共同努力。通过学习小组成员相互依赖、相互沟通、相互合作，共同解决问题，这才是交流教学最大的成功。

（4）交流互动。交流互动既存在于小组之内，也存在于小组之间。组内的小组交流以促进问题解决为主要目的，小组成员贡献自己的思路或方法，组员共同探讨。小组间的互动交流是以经验成果的分享为主要目的，各小组表述自身的观点，并对其他组的观点进行评析。

（5）评价反馈。为了能够保证教学交往的有效实现，评价反馈是不可或缺的环节，包括对学生交往表现的评价、教师地位作用的评价、交往实现程度的评价、交往氛围的评价等方面，只有认真地评价与反馈才能为下次交往提供修改的意见，确保教学交往能够在课堂内实现其内容、形式等的充分展现，并能够达到预定的交往目标。

3. 交往教学论需注意的问题

交往教学论当前在中国的新课程改革中占有重要的理论地位，它指导着课程与教学的诸多方面，是新课程改革中关于学生学习方式变革与教学方式变革观点的支撑理论。尽管如此，我们还应当重视交往教学中可能出现的一些问题，具体如下：

（1）交往教学的适切性。在教学过程中，应当注意交往教学对于不同学科、不同内容、不同年龄段学生的适切性问题，不能盲目使用交往教学模式。在学生学习的过程中，有些内容可以通过交往教学模式使学生获得良好的发展，例如关于理解的知识和关于思维技能的训练等，交往教学可以使学生形成深刻的印象与独特理解，掌握思维的方法；而有些概念性知识和事实性知识如果使用交往教学不当则会使学生产生混淆。因为交往教学不提倡在交往终了盲目地做出决定，如果学生的交往没有形成一致的意见，将会影响学生对概念的理解与获得。

（2）交往教学的时机把握。交往教学存在很多优势，但教师需要根据学生的情况对是否使用或在怎样水平的问题上使用的交往教学模式做出判断，教师应当先对学生的交往给予指导，等学生能够很好地理解交往的本质及方式的时候再逐步深化对交往教学模式的使用。

（3）交往教学过程中教师作用的发挥。在交往教学中，可能由于学生的基础或个性问题出现不能主动参与交往的情况，尤其是在学生数量较多的课堂中教师比较难以关注到每个学生，使某些学生得不到应有的发展，因此对学生参与状态的调整就是教师重要作用的体现。此外，教师应当能够获取关键信息，对交往过程是否偏离了主题而做出判断，并能够引导学生围绕主题进行交往。

综上所述，在这些教学理论中其中不免有重叠的观点，亦会有相互包含的特点，如教学实践论中包含着建构主义的思想、教学认识论中包含着交往理论的思想等，这是因为在各个理论形成与发展的过程中积极地从当时最为先进的哲学、心理学等学科中汲取有益成分，最终完成了其理论框架。虽然各个理论强调的重点不同，但在理论基础相通的情况下就难免出现相近的理论主张。当然如果仔细推敲，有些内容仅可称为教学思想或流派，这些教学理论对课堂教学有着重要的指导意义，对本国乃至世界各国的教育、教学都有着深远的影响。我们不能简单评述哪种理论更好，因为它们在不同时期、不同条件下都对课堂教学起到了积极的指导作用，并在相当程度上对学生的发展起到了促进作用，而且各个理论的教学主张都有其具有重要意义的内容，至于其不足与缺憾也会在教学实践中逐步显露并得到修正。此外，这些教学理论、教学思想或流派并不是完全独立的，它们之中有些内容是相互包含、相互支撑的，因此各个观点不是对立关系，只是强调的重点不同。因此，我们也不必强调哪种理论更好，在学习及使用这些教学理论的时候，我们应当与教学实践相结合，针对不同的学科、学段、内容及学习主体而结合不同的教学理论指导教学实践。

4. 交往教学论中"学生为中心"的重要体现

交往教学更看重学生的主体地位，所以在课堂教学中充分尊重学生的话语权，教师只起到引导作用。与传统的填鸭式教学相比，交往教学更容易激发学生的学习兴趣，让学生在轻松、愉悦的环境下掌握课堂知识。此外，交往教学课堂情境设计中将学生放在主导地位，学生要在教师的引导下发挥主观能动性和积极表达对课题的思考，并通过小组合作学习达到互相促进、互相学习、共同提高的目的。针对我国传统的课堂教学一向忽视生生交往的情况来看，交往教学可能不能立刻达到教学的预期效果，但能让学生在合作学习的过程中形成自我思考，从而掌握新的思维方式，不断扩展自己的大脑知识库。

二、高中数学课堂的有效性教学设计

（一）数学教学活动的设计

1. 情境性教学活动的设计

（1）情境性活动要尽可能地贴近学生的生活实际、关注学生的生活世界、重视学生的亲身体验，让学生真切地体会到数学来源于生活、数学就在我们身边，从而对数学产生亲切感。

（2）情境性活动要为本节课的教学内容服务，为达成教学目标奠定基础。

（3）情境性活动要蕴含明确的数学问题，便于让学生经历和体会数学学习中"问题情境—建立模型—解释应用—拓展"的过程，强化数学应用与建模意识，提高发现问题、提出问题、分析问题和解决问题的能力。

（4）情境性活动可以适当地借助一些现代的教育技术手段辅助进行。在情境性活动中，都可以采用现代教育技术手段模拟呈现情境，促进师生之间的交流、合作，为学生提供更多动手、动脑的机会，充分挖掘学生的潜能，展示学生的创新能力。

（5）情境性活动的设计要注意把握"度"。情境性活动是教学的"土壤"，是教学的种子赖以生存的环境，但教学的种子也不能一直埋在深处，经过一定的发展后教学的种子要生根、发芽，冲出土壤的环境向空中生长，汲取必需的养分。因此，教学的种子埋在情境性活动的"土壤"中的深度非常重要，如果过分追求情境性活动，会淡化数学内容的正当性教学，导致缺乏数学的深度和广度，甚至忽略对数学的一些本质问题的教学。

（6）情境性活动的设计要注意多样化。不同的内容、不同的时机、不同的对象采用不同的情境性活动方式，让学生不再对数学下"枯燥、抽象、单调、难学"的定义。

2. 认识性教学活动的设计

在数学教学活动中，很多学习活动本质是认识活动，即学习数学概念，如几何对象、数学概念等以形成数量关系、概念认识、符号意识和发展空间观念。认识性活动能够为后期学习打好基础，积累学习知识和活动经验。教师要采取合理的策略设计数学活动，让学生的经历更加丰富，使学生的认知实现从具体到抽象、从感性到理性、从现象到本质的提升。

（1）认识性数学教学活动的原则。在认识性数学活动中，要特别遵循三个原则：一是现实性原则，利用感性材料将学生现有的知识和经验结合起来设计活动，培养学生的"数学现实"；二是科学性原则，从数学的本质出发，教师采用数学表达的方式让学生理解数学概念，寻找新概念和旧概念之间的联系，建立二者的关系，培养学生透过现象看本质的认识；三是应用性原则，学生在实践应用中学习知识，夯实基础，有利于今后数学水平的提升。

除此之外，教师要培养学生实现以下两个条件来认识数学：第一，学生要具有归纳和概括能力，找出不同事物或者事件的共同特征；第二，学生要有辨别的能力，能够找到概念之间的相同或者不同的标志，这有利于学生对概念进行分类和区分。上述两个条件是对学生从事认知数学活动的要求，学生只有具备基本学习能力才能进行数学认知活动。教师在教学过程中，主要起到点拨和引导的作用，建立数学活动情境，组织学生有序地开展活动，调动学生的积极性，让学生学习更多的数学知识。

（2）认识性数学教学活动的步骤与策略。数学中认识性活动有多种对象，包括数学概念、几何对象、数理关系等。下面以概念形成过程为例，分析认识性数学活动设计的一般步骤和策略。

第一，创设情境，形成表象——"变化"图示。认识性数学活动其实就是情境性活动的一种，情境性活动能够将学生已有的认知经验激发出来。所以，教师应该先建立合适的活动情境，激发学生已有的认知经验，这样就能够保证学生在熟悉的场景中认识数学对象，有利于学生的学习。教师可以通过游戏活动、物品展示、提问问题、趣味故事和手动操作的方式来建立活动场景，同时教师引导学生在活动中认识数学对象，学生实现了初步学习的目的。

第二，抽象特征，初步理解——"固化"表征。概念教学的第一步是提出概念，帮助学生从感性认识到理性认识，建立科学的概念。教师引导学生建立感性认识的同时，还要进一步对概念进行解读，将概念的抽象特征传递给学生，上一步是让学生在大脑中形成概念的表象，这一步则让学生学习概念的特征。

第三，突出关键，解决问题——"深化"探究。在第一步的学习中，学生能够认识和了解概念，但是这种认识是浅表的、片面的，学生对概念的理解缺乏准确性，无法掌握概念的关键因素和本质内容。教师要从正反两个方面设置问题，让学生在解决问题中加深对概念的理解，掌握概念的重点和难点，让学生更全面、更深刻、更准确地理解概念。

第四，实践应用，巩固理解——"强化"认知。概念的理解从本质上说是一种心理活动，学生初步学习概念后还要对概念进行由浅入深、透过现象看本质、去粗取精的深入学习，对概念进行加工、概括和深化的学习。教师可以设计一些实践活动加深学生对概念的理解，或者设计一些问题，让学生在思考和解答过程中加深对概念的认知。

教师要按照程序设计进行认识性数学活动，即由表及里、从现象到本质、由抽象到具体、从感性到理性、从理解认识到实践应用的逻辑过程，要按照学生认识事物的规律开展教学。教师要将数学本质和高层次的数学思维渗入到认识性数学活动中，也就是教师要重视数学的本质。

3. 探究性教学活动的设计

按《牛津英语辞典》的定义，探究是探索知识或信息，特别是求真的活动；它是搜索、研究、调查、检验的活动，也是提问和质疑的活动。按《汉语大词典》的解释，探究是指"探究研究"，即努力找寻答案、解决问题。按《辞海》的解释，探究是指"深入探讨、反复研究"。探讨就是探求学问、探求真理和探本求源。探究包含两个过程，即"探"的过程和"究"的过程、"探"包括解题思路的探寻、数学规律的探索、数学问题的探讨、问题结论的发现、数学猜想的提出、数学命题的推广等，"究"包括数学规律的确证、数学问题背景的追查、数学对象之间逻辑关系的追究、数学问题结论的验证、数学猜想和命题推广的证明等。探究性数学教学活动设计需注意以下四方面：

（1）找准探究问题。问题是探究的出发点，没有问题，探究活动就无从谈起，没有价值或没有思考力度的问题也无法实施探究过程，开展的活动难以诱发和激起学生的探究欲。因此，找准探究问题对设计探究活动至关重要。寻找探究问题要站在学生的思维角度进行，预计数学活动中可能会出现的思维"拐点"，造成学生悬而未决但又必须解决的问题点。

（2）探究的针对性。找准探究问题是探究的起点，按照这个起点，要围绕学习主题和学习过程开展有针对性的系列探究活动，设计探究性数学活动要预设探究线路和预料多种情形，总体上把握探究的方向。针对所要完成的教学目标，不同的探究活动完成的目标有所不同，教学设计要制订不同的计划，采用相应的过程和方法。

（3）探究的真实性。开展探究的问题必须是学生真实遇到的数学或生活中的问题，而不是脱离学生实际或超出思维水平的问题，或者纯粹是学术上的抽象问题。只有这样，学生才能以自然的、积极的状态投入探究过程，在探究的过程中暴露教师和学生真实的思维过程，保护学生的思考和展示的积极性。

（4）方式的多样性。数学的探究活动应该保持思维活动的开放性，鼓励学生从多角度探究问题，因此，在设计探究活动时应考虑以多种方式进行，以此激发学生学习的主观能动性，引发学生积极分析和思考，让他们能够主动地从探究的一个阶段过渡到另一个阶段，从一种方法联想到另一种方法，这样可以慢慢打开学生广阔的思维空间，促进学生自主探究。

（二）数学教学的问题设计

数学问题是指数学上要求回答或解释的疑问。广义的数学问题是指在数量关系和空间形式中出现的困难和矛盾；狭义的数学问题则是已经明显地表示出来的题目，用命题的形式加以表述，包括求解类、证明类、设计类、评价类等问题。教学中的数学问题一般是指狭义的数学问题，有时简称为数学题，它是结论已知的题目，具有接受性、封闭性和确定性等特征。教学中，数学问题改编即数学题改编，是将已有数学问题的条件和结论部分的内容、结构、情境等进行改造，得出新题的一种命题设计方法。对于数学问题，改编后的问题称为改编问题（改编题），而改编前的问题称为原本问题（原题）。改编问题与原本问题相比，不仅承载了知识内容，蕴含了数学思想方法，还被赋予了新的问题情境，传导了改编者的设计意图，并以此通过巩固和变式训练来实现教学目标。

1. 数学问题的改编形式

从问题的内容和结构角度来看，解决或证明数学问题是一个包含两个子系统的体系，即问题条件系统和问题结论系统。因此，对数学问题的适应主要涉及两种基本方法，即改变条件和改变结论。问题条件系统包含三个基本元素：一是元素限定，二是构件模型，三是结构关联。其中，元素限定是指问题条件系统的组成部分，如长度、面积、大小和其他数据限制的数量限制；而构件模型是指问题条件系统中的组件部分，例如线段、三角形、曲线、正方形和方程式等；结构关联是指各个组件之间呈现出的不同关系，如彼此垂直的两条直线是垂直关系，与圆相切的线是相切关系等。问题结论系统包括三个要素：一是考察对象，二是设问层次，三是呈现方式。其中，考察对象是指在整个问题结论系统中的特定主题，又如线段的长度、图形的面积、求不同函数的最大或最小值问题等。设问层次是指对于一个问题或者多个问题采取设问的方式进行。呈现方式是指问题所求结论的要求和表达方法，例如判断或对于题目要求的计算和解决方案等，可以将其分为公开性（包括半公开性）和非公开性两种类型。

2. 数学问题的改编要求

数学问题更容易改编，但数学问题要想改编好也不简单，必须注意问题的科学性、典型性、相关性、可变性和创新性，并且必须考虑许多因素和要求。

（1）从典型问题进行改编。数学问题的改编围绕着目标传达了教学意图，因此在改编时应强调主题内容，并应注意材料的选择。数学问题的改编应通过关注重点或难点的内容来确定改编的必要性并确保改编问题的价值，从而突出教育的核心任务。另外，由于教科书中的样本问题和习题是经过反复研究的典型问题，因此，通常有必要从数学教科书中的样本问题和习题中得出适合改编的原始问题，使用教科书样本问题和练习作为原始问题之后，再结合历年来的考试和竞赛中的情况进行改编。

（2）改编需要符合学生的学习情况。改编后的数学问题最终还是由学生来解决的，因此，在改编问题的过程中始终要以学生为改编问题的出发点，并综合考虑学生的学习情况和水平后进行改编。因此，改编的数学问题必须与学生的条件相匹配，并且在改编内容、改编方法、改编难度、改编程度等方面都应适当。

（3）改编来自变化。数学问题除了包含"定量关系"以外，还包含"空间形式"，并且这两者都存在一定程度的可变性。只要能够识别和转换原始问题的可变因素，就可以创建出不同类型的改编问题。这些改编问题都来源于原始问题中的某一个因素。因此，改编具有可变性。

（4）改编问题应考虑全面。改编数学问题是一个周到细致的思考过程。在改编过程中，有必要反复深究各种情况，以确保思想的严谨性、改编内容的科学性。在整个改编过程中，需要注意六点：第一，内容是否基于大纲。改编后的问题应该符合课程标准和教科书要求，不能出现过于奇怪或困难的问题。第二，数据是否足够准确。适当改编后的问题应该数据准确且没有常识或科学错误。第三，逻辑是否严格和全面。改编后的问题里面出现的逻辑关系都应该是正确合理的，如果出现分类情况，就要做到不重复、不遗漏。第四，表达是否简洁，易于理解。改编后的问题应尽可能的简洁。第五，情况是否有效。改编问题中包含的情境信息应与现实和理由相一致。第六，答案是否正确。改编后的问题应该与学生的学习内容相一致，在解决改编后的问题时应该有正确、没有争议的答案。

（5）改编贵在创新。改编问题与原本问题相比，要求蕴含某些新意，具有一定的创新性，并且创新性也正是改编题的魅力所在。改编问题的创新之处就在于改编处，其要求不仅仅是形式新，还有内容新，尤其是在解题方法上要有不同程度的丰富与创新。因此，改编问题与原本问题相比往往具有形式新、内容新、解法新等特点。形式新包括问题的情境新、结构新、表述新等；内容新主要体现在改编后的问题条件系统和结论系统的更新变化，包括元素限定、构件模型、结构关联、考察对象、设问层次、呈现方式等的变化；解法新是因为内容的变化，可能致使问题解决的方法发生变化。

（三）数学教学习题的设计

数学有效教学是一个复杂的系统工程，涉及的因素比较多，其中习题教育是进行有效学习的有力保证。所以，只有将"课堂练习"这一环节设计好，数学教学才会有效果。数学习题设计要根据学生的学习能力和学习情况，在选材、难度、数量、层次和练习目的等方面要按照一定的原则进行设计，同时有的题目还要多元化，例如一题多变、一题多问、一题多解和多题一解等。

1. 数学习题设计的主要原则

数学习题有效设计要遵循五项原则，即明确性原则、就近性原则、适当性原则、适中性原则和层次性原则。

（1）明确性原则。练习的目的很明确，是为了让学生掌握新的知识、巩固基础、提升解题技巧、进一步提高学生的数学能力，这样能够了解学生的学习效果，及时发现教学中存在的问题。课堂练习不是教学的"程序"，不能因为别人练习了，自己也要练习，练习不能成为束缚学生的工具。所以，教师进行课堂练习设计时必须严格遵守明确性原则，要以学生的实际情况为基础，让学生通过练习实现巩固和掌握知识的目的，还要将习题的教育和评价功能发挥出来。

（2）就近性原则。在设计数学习题时要以课本内容为基础，深入挖掘课本知识，选择课本中的精华部分，不能放弃课本而舍近求远。根据学生的真实水平和练习需求对课本的习题进行取舍，不能照搬照抄，也不能将课本中的题目全部舍去，选出来的题目要能够帮助学生巩固和掌握知识，提升其学习能力和培养学习技巧。对于简单、烦琐、重难点的题目要注重取舍，或者将题目进行适当的修改。选择课本的习题能够让学生重视课本的内容，掌握基础知识，知道知识的"根"在哪里，学生通过深入挖掘课本能够提升自己的学习能力和学习水平。

（3）适中性原则。适中性原则指要从学生的学习水平出发，题目难易程度的设计要与学生的水平相适应。题目过难、过于烦琐，甚至超纲，学生不但不会提升学习成绩和学习能力，还会被这些题目"打败"，慢慢地否定自己，对学习也失去了兴趣，甚至选择了放弃。如果题目过于容易，学生会认为做题非常无聊，毫无挑战性，习题无法吸引学生学习，使学生缺乏学习的积极性和主动性，更无法实现通过做题来巩固和掌握知识的目的，无法培养学生的学习能力和学习技巧，学生的创新能力更无从谈起。所以要控制好习题的难易程度，要与学生的学习能力和水平相适应。

（4）层次性原则。层次性原则是根据学生的特点，采用多层次的方式来设计习题，以满足不同层次学生的学习需求。所以，习题要分为基础类习题、发展类习题和拔高类习题，这样就能够满足不同层次学生的学习需求。有的习题包括了几个问题，这些问题要以由易到难的递进形式来设计，同时每个习题之间还要有联系。

（5）适当性原则。数学教师要根据学生的整体情况合理地设计习题，不能搞题海战术，也不能过于追求做题速度，应合理规划，让学生充分思考和解决问题，所以，通过练习能够达到熟练的目的，但是题目数量的设置要合理。有的习题数量达不到要求，特别是计算方面的习题，缺乏练习会导致学生不能很好地掌握基础知识，无法形成解题思路，也不能实现熟能生巧的目的。如果搞题海战术，由于作业量过大，学生就会急于写作业，甚至抄作业，而无法用心做题，这样会增加学生的学习负担，学生只是疲于应付，而无法达到做题的目的。

2. 数学习题设计的具体要求

重点题型的数学题目能让学生发现问题的核心要点，掌握了方法以后就能独自解决问题，教师应该在学生解决问题的过程中进行指导。教师应尽可能多地利用教科书中的练习题，做到"一个问题包含多个问题""一个问题包含多个解决方案""一个问题有多种变化"和"一个问题包含多个解"，这是数学习题设计的要求。

（1）一个问题包含多个问题。在设计练习时，我们通常从同一主题开始，并引发多个问题，形成一组互相关联的问题，以加强学生对新知识或新方法的掌握。"一个问题包含多个问题"有助于培养学生多方向思考的能力。

（2）一个问题包含多个解决方案。具有相同基本内容的问题会以多个面孔出现，学生需要具备一眼看透问题本质的能力和独立思考的能力，并在练习中提高学生的数学视野。

（3）一个问题有多种变化。"一个问题有多种变化"是多方向思考的基本形式，在教学实践中出题人同时兼顾了命题角度和解决角度两方面，以便学生可以进行横向联想并发现规律。它把问题解决变成了一个整体，使学生能够通过灵活创造来真正学习解决问题的"方法"。

（4）一个问题包含多个解。数学中有许多问题具有开放性的特征，这些问题不止一种解法，要想提高学生的数学成绩，使其掌握数学知识点，就要通过多做题来达成。"一个问题包含多个解"是说在实践设计中要考虑解决方案的多样性。学生在一个非线性情境中，通过开放式非线性思维去思考和解决问题，有助于学生发展创新性的思维技能。"一个问题包含多个解"是这样的一个形式：命题角度集中，而解决方案却是多方向的。设计"一个问题包含多个解"的练习题对学生的思维空间有提升作用，有助于激发学生的学习潜力，调动学生的积极性，并为教师提供了总结和改进方法的良好资源。

（四）数学教学的试题设计

对于试题设计的创新策略而言，"题有三意：一为题意，二为立意，三为创意"题意主要是指题的含义，即"告诉学生什么"，包括题的内容、题的表述、题的背景、题的求解等；立意是题意的主旨，即"考查学生什么"，是试题的考查意图；创意是评价题的新颖性和创造性，即"你认为怎么样"。这个"意"中，题意为表，立意为核，创意为魂，三者类别分明、层次清楚。数学试题的设计要着重考虑这三者。数学试题设计的基本要求在于知识，根本立意在于能力，魅力元素在于创新。对于数学试题，我们常常会设计一些具有创新性的问题来考查学生对数学问题的理解、观察、探究、猜测、抽象、概括、证明、表述的能力和创新意识，有助于真正实施素质教育和创新教育。

1. 陈题模型的改编

试题的设计并非要求完全性的原创，因为许多知识内容属于必要的，其问题的表述方式也较为常见。我们往往采取改编的手法，将一些陈题或数学模型进行改编而生成新题。这种改编化的方式具有一定的创新性，改编的"原材料"往往取自于教科书的例题或习题、教辅资料、网络资源、往年高考题、往年竞赛题，或是古今中外的一些命题或经典数学模型。对陈题的改编方式通常有改变背景、换逆命题、引进参数、适度拓展等；而对模型的改编方式通常有改变背景、替换元素、调整结构、类比构造、特殊限定、一般推广等。此外，经过改编的创新问题常有推陈出"新"的效果。

2. 自主定义型创新

自主定义型创新问题是指要求学生通过特定的数学关系提炼一些信息，并基于定义的信息来解决问题。此信息通常包括新概念、新计算、新属性、新规则等。由于"超常规"的思维意识和"不同教科书"中知识的形式，它具有一定程度的创新和自主权。试题的技能水平应该在课程大纲的要求之内和高中生通常具备的认知技能之内。在设计这些问题的过程中，它们所基于的数学关系或数学模型通常具有"原型"，该原型存在于学生所学的数学知识中或未学到的数学知识中，使用这些"原型"可以直接定义新信息，也可以通过对设计问题的概括、推导来定义新信息。

3. 操作实验型模拟

操作实验型创新问题是指通过动态变形方法（例如折叠、切割、堆叠、拆卸和透视）去研究几何特性或数量关系，从而获得的新对象或图形。这种类型的问题可以分为三种类型：一是观察类型，二是验证类型，三是探索类型。这种问题的完成受条件而不是实际完成条件的限制，因此它是模拟化的，设计方法也应该采用模拟方法，其类型包括折叠、切割、堆叠、透视等。

4. 认知评估的创新

认知评估创新问题要求学生使用学到的知识来确定他们对概念、定律和模型理解的正确性，评估数学问题推理过程的合理性或根据他们的要求编写示例。例如，通过提升、猜测、设计的方式来获得对数学问题正确的认识和理解。其中，最大的特点是开放性，因此这类问题应该采用开放性策略。

5. 文化背景的融合

在数学中经常出现关于数学文化的创造性问题，这些问题强调对数学思维和方法的回顾，凸显"数学"这门学科的文化价值。

以上讨论的关于数学问题的创新设计策略可以混合使用，这也仅仅只是所有设计中的一部分，还不够完善。实际上，测试题的设计通常要结合多种策略，这是一种知识、能力和智慧的结晶呈现。

第三节　高中数学问题驱动型课堂的有效教学

一、高中数学课堂中"问题"的认知

（一）"问题"的特性

第一，问题具有疑难性。《现代汉语词典》对"问题"的解释是："需要研究讨论并加以解决的矛盾、疑难。"困难就是问题，哪里没有困难，哪里就没有问题。一个涌上脑际的念头，倘若毫无困难地通过一些明显的行动就达到了所求的目标，那就不产生问题；然而，倘若想不出这样的行动来，那就产生了问题。

第二，问题具有可解决性。要解答一个数学问题会遇到一定的困难，但没有解决不了的难题。

第三，问题具有思维性。数学思维指的是通过发现问题、解决问题，从而达到对现实生活中的空间形式和数量关系产生一般性认识的过程。解决数学问题就要用到数学思维，问题为思维的形成指明了方向，解决问题则成为思维的目的。数学思维过程就是不断提出问题、解决问题的过程，数学知识来源于生活，是思维活动的结果；数学知识体系是发展数学思维的体系。因此，数学问题决定思维活动的全过程，没有数学问题就没有数学思维。

第四，问题具有驱动性。"问题"在数学学习中是十分重要的，然而许多教师对"问题"含义的理解却较为模糊，部分教师把问题等同于数学习题、等同于提问。实际上，在数学教学中，"数学问题"是为引导学生发现数学、探究数学、建立数学、运用数学而营造的一种心理困境，这种困境的状态是学生有目的地追求而尚未找到适当的手段去解决。所以，数学教学中的"问题"是有驱动性的。

（二）"问题"的价值

在数学教学的过程中，数学问题可以激发学生的好奇心，启动学生发散思维，同时也可以检验学生的探究实效，更好地激发学生的学习动力。

第一，问题是创新的起点。判断一个科学家是否成功，可以观察他是否有提出问题的能力，因此我们说问题是创新的起点。只有发现问题、找出问题所在，才能有目的、有步骤地找到解决问题的方法，从而得出结论。提出问题是创造过程的第一步，没有问题就迈不出这一步，更不用提创新精神和创新能力了。纵观人类历史，从哲学的发现，技术的从无到有、从有到优，科学的发明都是从发现问题开始的，所以培养学生的创新精神也需要从问题开始。

第二，问题是兴趣的动因。兴趣是最好的老师，虽处在同样的学习环境下，但是学习效果却是因人而异的，个人素养是影响学习效果的一个重要因素，但更重要的还是学生对学习是否产生兴趣。而问题是最容易激发学生学习兴趣的，学生对这个问题产生好奇心，有想解决这个问题的欲望，学起来就更加积极主动、充满激情。同样的，创新精神的培养靠的是兴趣的支撑，而兴趣的最大动因却是问题。"学起于思，思源于疑"，"疑"指的就是问题，是引起兴趣的动因，是激发学生探索知识和唤起学习动力的因素。

第三，问题是数学活动的载体。数学课堂是教师引导学生积极主动地参与学习的场所，教师应该在课堂上引导学生发展思维，就目前而言，许多数学教师习惯以简单的记忆、练习、实操来替代学生主动的思考。没有学生积极主动的思考，或者说没有学生思维的深度参与，这样的课堂教学都算不上有效的教学活动。因此，教师在备课时要设计科学、合理的问题，通盘考虑各个教学环节，精心设计有效的课堂提问、创造问题情境、在教学中生成恰当的问题。有了问题，就需要引导学生主动思考和对话，在解决问题的过程中又会不断发现新的问题，新的问题的解决又能促进原来问题的进一步理解。换言之，随着新问题的提出，思维又向前推进了一步。因此，问题是数学思维活动的结果。思维从问题开始，随着思维的进一步推进，又导致新的问题的产生，在这个大循环中学生的数学思维得到了发展。

（三）"问题"的解决

除了好的课堂问题，问题价值的体现还要看问题解决的过程能否将其充分发挥出来，所以问题的解决也是课堂教学的重要环节。

1. 问题探究要建立在体验的基础上

如何有效开展课堂的探究活动的确是困扰广大一线教师的实际问题。众所周知，从学生长远发展的角度来看，要经常组织一些课堂探究活动，但这样做会影响正常的教学进度，因为探究活动组织得不好就会出现冷场的现象。

（1）找准合适的探究切入点。普通高中数学课程标准指出："学生的数学学习活动不应只限于接受、记忆、模仿和练习，高中数学课程还应倡导自主探究、动手实践、合作交流、阅读自学等学习数学的方式。"所以在教学过程中，我们应尽量设置一些探究活动。使学生的学习过程成为在教师引导下的"再创造"过程。但抽象的思考往往会使学生感到无从下手，所以课堂探究活动必须依赖于直观的载体作为探究的切入点。

（2）确定给力的探究着力点。学生是探究的主体，让绝大多数学生能参与进来的探究才是真正的探究。所以问题的设计要从保护学生的积极性与提升学生的信心入手，不能刚开始就打击学生的自信心。为此，教师需要确定好探究着力点。探究宜从体验开始，让学生在体验中找感觉，并逐步感悟到其中的道理。

（3）突出切题的探究核心点。学生的探究活动应围绕一节课的核心内容展开，即通过问题的引导，要让学生自己能够建构出相关的概念或结论。

（4）挖掘隐含的探究活力点。有时一个不起眼的内容也能激发学生的探究热情，增强课堂的探究活力，所以作为教师，一方面要更新自己的教学理念，另一方面也要善于挖掘这样的探究活力点。

总而言之，只有让学生先行体验，课堂探究活动才能得以顺利开展。另外，在实施问题探究时，我们既要相信学生，更要了解和顺应学生。

2. 教师在问题解决过程中的角色与作用

在"问题驱动"下的课堂教学中，教师的主导作用不是削弱了而是提高了，其角色与作用主要体现在以下三方面：

（1）营造氛围。"问题驱动"下的课堂教学是以学生主动参与学习为前提的，这有赖于团结互助的学习环境。因此，教师要营造民主、宽松、和谐的课堂氛围，以有利于学生主体的活化与能动性的发挥。

（2）调控启发。在课堂教学中，教师不仅要运用各种途径和手段启发学生的思维，还要能接收从学生身上发出的反馈信息，并及时做出相应的控制调节。对于学生普遍感到有困难的问题，教师要给予恰当的启发。

（3）个别指导。因学生个体存在差异，在自主学习的过程中有的学生会出现这样或那样的困难，此时教师可以进行个别指导。个别指导的过程要体现出教师的爱心、真心，这有助于师生之间的沟通交流，有助于形成民主和谐的课堂气氛，这样做往往能产生意想不到的教学效果。

3. 课堂问题解决过程中需注意的问题

在课堂问题解决的过程中，通常要注意以下四方面的问题：

（1）迟现课题。在新教授的课程中，太早出现课题就会对学生产生提醒，进而会减弱问题的研究功能。因此，在授课时应等到有关原理、观点产生之后再将课题逐渐展示出来。如果需要做课件，在开头时也不应展示出课题。

（2）明确问题。如果需要取得探索的成效，则教师应吸引学生的注意，例如"请思考问题××"或者"请同学们回答一下这个问题"等；同时，教师的问题应该显眼明了，表述时应简洁精练，不重复，尽可能地使用投影展现问题。

（3）充分思考。教师在给出问题之后，务必给学生充足的时间让其思考，概括而言值得探索的问题一般的思考时间都大于 20 秒。在学生进行思考时，应尽可能地不去提醒免得约束学生的思想。如果是合作学习，那么应给学生单独思考的时间，然后再进行合作交流。

（4）及时评价。教师应及时对学生的答复做出评价。教师不仅需表明学生的回答是否正确，还需要深入地点评其思维状况，例如学生的思想是否可行、是否恰当等。同时，教师应该从勉励的角度去肯定学生的想法。

二、高中数学问题驱动型课堂的创设与有效设计

"问题驱动"离不开"课堂问题"这一重要的载体，问题在数学的学习中有着举足轻重的作用。

（一）问题情境的创设与运用

关于问题情境，目前出现的理解较多，概括起来有两大类，即问题—情境、情境—问题。"问题—情境"是指先有数学问题，然后是数学知识产生或应用的具体情境；"情境—问题"是指先有具体的情境，由情境提出数学问题，为了解决问题而建立数学。其实两种理解没有截然的区别，核心都是通过问题情境提出问题，情境与问题融合在一起，问题是教学设计的核心。

从呈现方式看，问题情境包括叙述、活动、实物、问题、图形、游戏、欣赏等。

从教学内容来看，问题情境大致可以分为实际背景、数学背景、文化背景等。实际背景包括现实生活的情境数学模型（概念、公式、法则），数学背景包括数学内部规律、数学内部矛盾；文化背景可以分解为上面两类。

从所处的教学环节来看，问题情境包括引入新课的情境、过程展开的情境、回顾反思的情境等。

1. 问题情境的创设

现在越来越多的教师开始重视问题情境的创设，在创设问题情境时可以利用数学的特点，例如历史悠久、丰富内容、广泛应用、现实背景、方法精巧等。

（1）贴近生活，创设亲近型情境。教师可以从学生日常生活出发，运用学生熟悉的素材来创设情境。在课前教师可以和学生一起交谈，了解他们的日常生活情况，如家庭趣事、熟人熟事、校园生活、班级情况等。这类情境最易引起学生的共鸣。

（2）巧妙举例，创设载体型情境。教师可以通过举例子的教学方法，给出具体和恰当的实例，化陌生为熟悉，化抽象为具体，让复杂的事物简单化、浅显化，学生更易读懂，能快速进入状态。

（3）善用对比，创设引导型情境。我们可以先给出一个错误的结论，从而引入正确的知识；或者提供可类比的情境，达到知识迁移的目的；或者创设有矛盾的情境，引起学生的认知冲突。

（4）活动演示，创设游戏型情境。结合教学内容，利用游戏、竞赛或 PPT 演示的方式，促进学生在游戏型情境中主动发展。

2. 问题情境的运用

这就需要灵活创设情境，课前导入时不仅需要创设情境，课中也需要创设情境。

（1）把握展示时间。情境的展示时间不宜过长，一般控制在 5 分钟之内比较适宜。

（2）适当重复使用。重复使用可以提高使用率，在不同阶段使用同一个问题情境，必要时可以适当地改造一下，不失为一种经济的做法。

（3）提高教学实效。创设情境最终是为了提高教学质量，更好地开展教学，情境的使用应该符合教学的实际需要。

（二）问题串的设计与教学价值

第一，问题串的设计要符合学生实际。创设与运用问题串是一种教学策略，其目的是为了启发学生自主建构知识。学生是活动的主体，问题串的设计当然需要适合学生的学情，一方面要符合学生的认知规律；另一方面要立足于学生的数学基础，分情况采用不同的问题串。对于基础比较薄弱的学生，在设计问题串时不可起点过高、难度太大，可以选取答案较单一、步子慢一些的问题串。针对不同层次的学校与班级，即使是同一个主题设计的问题串，侧重点也应有所区别。

第二，问题串的设计要符合教学原则。一是问题设计难度应适宜。如果问题较为简单，则学生不用思考就可以得出答案，那么学生就会觉得没有意思；如果问题较难，则学生就会回答不上来，这样容易挫伤学生的学习积极性。问题的设计应符合最近发展区原则。二是设计的问题要具有层次的递进性。问题与问题之间应有一种层层递进的关系，由易到难，由浅入深，引导学生深入地思考。三是问题串的设计要有明确的意图。问题串的设立要有明确的目标，通过解出一系列的问题串便可让学生自我建构出相关的数学概念或原理。四是问题的设置具有自然性。设计的问题要自然，不能让学生感觉过于生硬。

第二，问题串的设计要把握好"度"的原则。首先，把握好子问题的梯度与密度。梯度过大或者密度过小，容易造成学生学习上的思维障碍，不利于教学的顺利推进；反之，梯度过小或者密度过大，产生的思维量过小，会损害思维的价值。其次，要把握好问题的启发与暗示度。过度启发，暗示太多，学生主动思考得更少；启发太少，暗示不够，学生就回答不出来，课堂便不够活跃，也会影响教学效果。最后，要把握好问题的开放与封闭度。如果问题过于开放，则答案就会各不相同，可能教师都无法判断对错，难以对教学起到有效的引导；但如果课堂的提问枯燥乏味，学生的创新思维就得不到应有的锻炼，甚至导致学生对学习失去兴趣。

（三）课堂问题思维价值的有效设计

第一，整合优化碎问。对一些零碎的问题进行恰当的整合，将问题的共同属性提炼出来，尽量把多个性质相同或相似的问题整合成一个大问题，这就是优化碎问的策略。问题变少、变整了，提示语素减少了，可以发散学生的思维。

第二，适当添加缀问。数学教学的提问方式有许多种，难题浅问、浅题深问是常用的提问策略。对于经典的不便轻易改动的浅问，可以在其后缀上一问，提升思维含量。教师要经采用恰当合理的缀问，既要保证问题前后的关联性，又要能引导学生积极参与到思考与探究的过程中。

第三，适时进行追问。追问是高中数学课堂教学有效性的实用方法之一，教学中为了能突出问题的价值，教师可以在解决问题的过程中适时地加以追问，通过追问挖掘出问题本身的价值。适时追问，可以提高课堂的教学效率。

第四，升华处可置问。当课堂进行到可以对相关知识点进行合理升华的时候，教师要及时质问，塑造研讨的课堂氛围。因此，教师在备课时就要深入挖掘教材，认真研究与考虑。

三、高中数学问题驱动型课堂的教学实践

（一）高中数学中实践问题驱动的体会

问题在数学中具有重要的作用。有了问题，思维才可以创新，才能拥有动力；有了问题，思维才有了方向。因此，在教学时需要依照教学的内容、学生的认知规律去制造问题，充分发现问题的思维价值，运用问题激发潜能，使学生在问题中强化理解；运用问题促使知识增加，使学生在问题中探索；运用问题展现思想，使学生在问中领悟。

1. 提炼核心问题

从人类的文明发展史可知，人类的思想是促进人类社会进步的动力源泉。古往今来，

杰出的思想家一直都是引导人们逐步走向自由、幸福、和谐、光明的灯塔，同样思想的支撑、引领也能够推进数学的发展。该思想不仅指详细的数学思想，还指哲学思想、行动策略、研究策略等。唯有提取每堂课的关键问题，才能够有效地显现这些主要思想，使学生能够在相关问题和问题的解决中体会其思想，这是可以大力推崇的做法。

2. 找准生成问题

数学教育需培养学生主动解决问题、思考问题、提出问题的习惯，然而探索问题经常比解决问题更关键，因此，新课程提倡的重要的教学理念就是问题的动态生成，这应是我们主动追求的境界。教师在授课中需要从以下三方面着手：第一，需确立"一帆风顺、风平浪静的课程不一定是好课"的理念；第二，积极主动地创造机会让学生提问，激发出学生的内在动力、质疑问题的勇气；第三，充分探究学生的疑问，并得出清晰的结论，使学生在问题中不断成长。

3. 设计引导问题

数学的概念多数较为抽象，入门者有时候会觉得内容较为费解、概念形成得较为突然。知识是逐渐形成的，能力的不断提升与知识的不断累积过程是学习的过程，学生在原有的基础上才能学习新的知识，对于新知识的理解是渐渐从零碎至完整、从朦胧至清楚，并能汇入原有的知识体系中。建构主义认为学习是学生经验体系在特定环境中由内向外的形成，以学生原有的知识经验为基础来完成知识的架构。因此，教师在日常的教学中倘若注重发现知识的自然性，使新知识能够在以往的知识中显现出来，就显得非常自然、容易被学生理解了。

实际上，学生在理解新知识时并不缺乏所必需的已有经验和知识，然而学生却不能积极主动地架构出新知识，这关键在于他们缺少所必需的问题去指引。故数学新授课的关键就在于教师需要设计出一系列适合的问题去指引学生来探究，推动新知识在学生原有的知识中自然形成。

（二）高中数学复习课中问题驱动的教学

高中数学备考的一个重要任务是帮助学生构建知识网络和方法网络，提高学生的解题能力。在高中数学复习课上，通过"问题驱动"的方式来达成这些目标需要做到以下三方面：

1. 设置对应性问题

（1）利用对应性问题促进学生对概念的理解。解题的出发点就是数学概念，高中数学教师在复习时应设计相关的问题去推动学生对于这些概念的认识，并且这些问题应和知识相对应。

（2）运用对应性的问题推进体系方法的建立。教师在数学复习课上对于解题方法较多的问题，应采用和每一种解法相应的题目逐一给出，进而架构出较完整的体系方法。

2. 设置递进性问题

（1）运用递进性问题去总结知识的产生过程。高中学生多数对定理、法则、公式、概念等的了解都是只了解含义，却不清楚这些含义的形成原因。故教师在高三的数学复习课上应设计出递进性的问题，展现出知识的产生原因，显现出他们的探索思想。

（2）运用递进性的问题固化常规的解题想法。多数学生在数学一轮复习中，对常规问题的解决较难解，这时就应设计递进性的问题，让学生固化常规的一些解题想法，形成有规律的解题思路。

3. 设置回望性问题

教师在数学复习课上解答完问题之后或是在课程结束之后，可以用问题来指引学生去回忆课程，让其对相应的注意点、解题技巧、思想方法等进行总结概述、归纳等。

总而言之，教师在高中数学的复习课上运用"问题驱动"的方法具备增强师生互动、进行提炼总结、能明确思考方向、可显化教学目标等优势，可有效提升复习效果。

第四节 教育信息技术融入教学情境创设的有效策略

一、提升教师理论知识建设与信息技术水平

第一，专业的理论支撑是实践的必要前提，教师应通过培训和学习提升自身的情境教学及信息技术方面的相关理论知识，加强技术学习，提高新教师将情境和信息技术融合的意识，消除老教师对于信息技术的偏见。当然，这并非短时间内就能达到很好的效果，需要教育工作者长期的理论学习和努力实践，持之以恒。"教师应积极参加学校和上级教育主管部门举行的相关培训活动，掌握先进的理念和方法，再通过大量的实例教学，将这些理论和观念贯彻到实际中去"[①]。任何的实践操作都需要专业的理论指导及科学的使用方法，教学实践活动也不例外，拥有专业理论支撑后的实践才会显现出效果。因此，教师是

---

① 王丰裕. 信息技术支持下高中数学课堂教学情境创设研究［D］. 石家庄：河北师范大学，2021：52.

否具有科学合理的关于创设教学情境的理念、信息技术有效且规范的使用要求及教学情境需要与信息技术相结合进行创设的理论指引，这些都对情境教学、信息化教学以及情境化与信息化结合式教学产生着重要的影响。

第二，应加大平时教研活动中对情境创设、信息技术使用及二者融合的探讨，鼓励教师在教研活动中针对各自所带的不同班级所呈现的问题商讨具体解决方法。例如，该如何将教学情境贯彻落实，如何结合学生的实际差异情况做出预设，教师应如何按照要求使用信息技术，教师如何通过教学情境调动学生课堂交流、合作、探讨的能力，学生是否适应教师将情境创设与信息技术结合等问题。

第三，教师要不断提升自己的信息技术水平，信息技术既要与所创的情境结合，更重要的是教师使用的信息技术要与整个数学课堂契合。要有一定的信息技术水平，则需掌握一些基本的信息技术理论知识和常用的教学软件和学科软件，学校可以开展专门的教师信息技术理论与操作培训活动或利用信息技术创设教学情境的课程竞赛等相关活动，以此提升各科教师的信息技术理论知识和操作知识。

二、积极建立科学有效的评价指标体系

当实践活动有了专业的理论指导后，就应专注对实践活动的要求和评价了。首先，学校应对课堂中的信息技术使用和教学情境创设，设置具体的制度规范和评价指标体系，避免盲目使用，这样才可以对教师的专业素质起到促进作用；其次，学校还须要求教师创设教学情境，或者采用信息技术必须结合各自学科特点及教学要求，不可机械无效地植入与本节课的教学内容不相干、教学目标不相符的情境和信息量，需要在具体的行为操作规范和评价体系下进行适合且有效的情境创设和信息技术应用，力求发挥教学资源和教学硬件的最大化功效，促进学生的学习效果。那么，这就要求学校制定相关的定性或定量评价指标和操作规范，能够让教师在实际准备和操作的过程中做到"有'章法'可循，有'指标'可依"，这无疑对教师的情境创设能力、信息技术使用规范都有引导和规范的作用。

三、科学设置问题与"反思"情境的导入

（一）设置问题情境导入

在讲授高中数学课程内容中的"算法"部分知识时，由于这部分的知识不同于其他数学知识需要用纸笔来进行计算、演练、验证，此部分更多地需要判断、辨别即能较快地按照制定程序得出结果。首先，课堂伊始教师向学生提出问题"如何将两个杯子中的可乐和橙汁进行交换?"，抓紧学生的思路，启发思考，引导学从多个角度思考问题，必要时给出

"可借助第三方"的提示，通过不断地提问、回答、再提问、再回答等带动学生的紧张感，使其处于问题情境中逐渐步入课堂中心阶段。在讲授"Fornext 循环语句的应用"时，以学生熟悉的函数图像作为介质来进行这一程序的编制，掌握此类语句的应用，条件允许下本节课可在机房进行授课。首先提出问题"同学们是否还记得函数图像是怎么绘制出来的吗？"，紧接着教师带领学生一起动手操作，回顾函数图象的计算机绘图过程，此过程中不断通过提问学生、学生回答的方式来巩固学生的知识，也创设了问题情境，规范讲解了函数图像的计算机绘图过程，即先建立平面直角坐标系、描点、再由"点"连成"一条平滑的直（曲）线"。

另外，教师可以接着继续提出问题"请同学们回忆一下若是用手工绘图都有哪些步骤？""哪个步骤在这两种作图方式中均起着重要的作用？"，学生回答出"描点"这一最关键的一步后，教师接着向学生解释道：若我们采用手工"描点"，那将会是一个比较耗时的过程，尤其遇到形状多样的、数据庞大的函数情况下，需要我们不断地重复这一过程，那么手工描点会变得非常缓慢且困难，我们如何用一种既精确又省时的方式来帮助我们"描点"呢？其实计算机和算法是可以帮我们做到这一点的。这样就顺其自然地引出了本节课所要讲的算法中的"Fornext 循环语句的使用"及如何编写此程序，此种通过师生间不断地问答来设置问题情境作为导入，并根据即将讲授的数学内容来选择合理的信息技术作为教学手段的方法，既将信息技术与教学情境相结合，又能启发学生产生新的思考。

（二）设置"反思"情境导入

教师在课堂初始时将上节课的作业反馈情况发送到每位学生课堂用的平板电脑上，并设置分数和星级来对学生作业完成的优劣进行评价，以此表扬认真完成的学生，鞭策激励还需要努力的学生；同时，在实习期间自己授课时，在课堂开始时用投影向学生直观地展示具有代表性的作业案例，明确指出学生完成练习时容易"犯错"的地方、需要严谨过程的地方等。此外，无论通过平板电脑还是利用投影仪直接展示，都是教师在导入时对学生的激励、鞭策及批评与表扬，都是为了使学生进行自我反思，在"反思"情境中发现自己仍然存在的问题，及时做出改正，逐渐进步。

在课堂导入状况比较好的情况下，教师还需做的是加强理论知识的支撑、提升信息技术的应用能力、参照情境创设和信息技术使用的定性和定量的评价指标来发现自己的不足，进而做出改进、严格要求自己按照规范、规则将情境与信息技术应用于课堂，同时也要及时了解学生反馈、以学生在课堂的真实体验和启发思考为主，进一步提高课堂上信息技术与创设的教学情境相结合后的教学效率。

四、提高情境创设与信息技术的结合

（一）创设"模拟现实"情境

在利用信息技术手段创设情境的过程中，教师需要考虑不同层次、不同类型学生的思维认知差异，例如在"空间立体几何"这一部分知识的学习中尤其是"三大角"时，有的学生可能提前学习过关于空间向量的内容，有的学生没有学习过（如之前的文理分科中，文科生若没有学过"空间向量"就直接学习空间几何时，就会造成相较于已经学过铺垫知识的理科生在认知上和想象空间上的差异），学过的学生可以利用空间向量作为解决空间几何问题的工具，没有学过的学生则会感到比较茫然。此时，如若条件达得到，可以利用虚拟现实（VR）创设模拟虚拟现实的情境，进行 VR 教学，让学生可以非常直观、立体、真实地感受空间几何体的结构特征、构成元素（点、线、面）及变化，建立空间直角坐标系，将立体几何的问题投射到其中进行学习。同时在讲授二面角相关知识时，利用网络资源或 flash 软件制作动态实验过程创设模拟真实情境，让学生切身体会。最后，当学生基本都能理解其构造，基本能靠自己的想象力和思维能力来联系问题、思考问题后再教给学生一般的解题技巧和方法，如"一作、二证、三计算"这种解决二面角的一般方法。这种利用比较高端的信息技术模拟真实情境的方法既可以将信息技术手段融合到情境创设中去，又能使学生建立起由平面想象力到空间想象力的过渡，提高学习数学的能力。

（二）创设对比情境

在讲解函数问题、曲线方程问题、不等式问题等习题时，可以利用几何画板或超级画板类的画图工具得到相应的函数图像，进行直观教学。同时，在讲解同一道习题时，教师采用传统讲解法、不采用画图软件，通过这两种不同的方式创设出一个对比的教学情境让学生感受哪种方法更直观、哪种方式更费力、哪种方式效果更好，以此来启发学生的思维。

（三）创设操作情境

学生具有很强的向师性和模仿能力，教师在操作时也要适当地让学生自己动手实验，通过自己的亲身操作，对教师讲解的数学知识记忆更加深刻。例如，教学圆柱、圆锥、圆台三者互化关系，三视图及相关体积计算公式，函数与双曲线的渐近线、逼近线等，圆的面积求解，函数问题中的无限逼近问题，平面与平面的位置变化等这类知识时，在条件允许的情况下教师做示范并指导学生通过各自的计算机或平板来进行割线，平面位置旋转，二面角大小，圆柱、圆锥、圆台合并等一系列实际操作。

另外，通过让学生有目的地实际操作来创设实践操作情境，提高学生的动手能力，提升学习的主观能动性，同时，这一情境中必然也离不开信息技术的应用，操作板、画图工具、变换键等信息技术手段与教师所设置的操作情境相融合，增强了课堂趣味性，激发了学生的数学学习兴趣，加深了学生对知识的记忆和理解。

五、重视课堂小结中的总结与反思

如若将课堂导入比作一段工作的开端，那么知识探究便是工作中繁重任务的进行过程，而课堂小结则是最后工作即将结束时对整个工作过程的回顾、总结与反思，课堂总结这部分也是不可忽视的重要环节。因此，如何提高信息技术与情境创设的结合度，主要有以下两个策略：

第一，创设"数学艺术"情境，展现数学美。在大多数人眼中，高中数学都是困难且枯燥的，但其实数学文化中、数学图象模型中、数学历史中都有着与众不同的魅力，教师应擅于将数学之美展现给学生，改变学生对数学的刻板印象，以提高学习兴趣。在课堂总结时，通过信息技术揭秘本节课所学内容的奥妙，利用信息技术创设出具有"数学艺术"的情境，培养学生发现数学之美的眼睛。

第二，创设"竞赛"情境，激发学习劲头。每堂数学课的结尾都会布置相应的练习以巩固本堂课所学的知识，教师可在"翻转课堂"中制定独特的算法程序，并匹配对应的竞争对手，根据此程序可以检测到每位学生上传的练习题解答情况、对手的答题情况及与对手之间的对比。从课堂导入，知识探究过程、课堂小结部分分段并通过列举具体教学案例提出相应的、合理有效的、紧密结合信息技术与情境创设的策略，期望可以为教师的实际课堂提供参考及之后有关信息技术背景下教学情境研究的文章和课题作为铺垫。

第五节　信息技术与高中数学课堂教学整合的有效性

"信息技术"主要是指以多媒体计算机技术和网络技术为主的现代信息技术，而"整合"一词在英文中表述为"integration"，有综合、融合、集成、一体化等多重含义。目前，"整合"一词已成为教育改革中广泛应用的术语之一，很多学者都认为其基本含义是指一个系统内各要素的整体协调、相互渗透，使系统中各要素发挥最大效益。本书所提的"整合"主要是指数学教学系统中各组成要素的整体协调和相互渗透，以使数学教学系统中各组成要素发挥最大的效益。

信息技术与数学教学整合主要是指在数学教学过程中应用信息技术有效地组织教学资源，呈现教学内容，建构教学方式，实现信息技术、信息资源、信息方法与数学教学内容的有机融合，共同完成教学目标和任务，促进教学过程的最优化。其中包含三个基本要素：第一，营造新的教学环境，让学生在以多媒体和网络为中心的信息化环境中进行数学学习活动；第二，变革传统教学方式，教师在对数学课程进行信息化处理之后再给学生呈现数学学习内容；第三，实现新的学习方式，让学生利用信息加工工具，通过重组和创造之后掌握数学学习知识。

信息技术与数学教学整合的目的是促进师生信息意识的树立和信息素养的提高，促进数学课程内容结构的变革，促进新型教学模式的建立，促进教师教学方式和学生学习方式的变革。其根本目的是通过信息技术与数学教学的整合来改变课堂教学结构，促进学生主动地学习和更好地理解数学的本质，形成数学认知结构，进而改变学生的学习方式，从而促进数学教学高质量地完成教学目标和计划，培养学生的创新能力和实践能力。简而言之，其根本目的就是促进学生的发展，这同时也是信息技术与数学教学整合的出发点和归宿。

一、信息技术与高中数学课堂教学整合的有效性特征

评价信息技术与数学教学整合工作的好与坏，就要看它是否达到了目的，即是否达到了促进"学生发展"这个根本教育目的的实现。因此，评价信息技术与数学教学整合就要研究整合的有效性问题。信息技术与数学课堂教学整合的有效性主要包括以下三个特征：

第一，有效果，即教学活动结果与其教学目标的吻合程度。具体而言，就是指信息技术与数学教学整合达到教学目标的程度。如果它很好地完成了教学目标，有效地促进了学生的学习与发展，我们就说它有效果。

第二，有效率，即教学产出（教学效果）与教学投入的比值。具体而言，就是在达到同样效果的前提下，信息技术与数学教学整合是否减少了师生为实现教学目标而投入的时间、经历和资源。如果在相同的教学投入前提下，信息技术与数学教学整合能够促进教师专业发展和学生全面发展，提高课堂教学效率，我们就说它有效率。

第三，有效益，即教学目标与特定的社会和个人的教学需求是否吻合及吻合程度的评价，一般从质和量两个方面评价，"是否符合"是质的规定，"吻合程度"是量的把握。具体而言，就是通过信息技术与数学教学整合建构起来的信息化教学环境是否真正促进了学生适应社会、融入社会能力的培养。如果信息技术与数学教学整合真正促进了学生的社会化成长，我们就说它有效益。

综上所述，有效性就是满足期望的程度，系统达到预定目标的程度，既有结果与投入

的比较，又有质和量的衡量，并包含有效果、效率、效益三个特征于其中。其中，前两个特征在实施教学后可以直接表现出来的，后一个特征则需要在学生的成长中逐渐实现。

从长远的角度来看，信息技术与数学教学整合的有效性应追求效果、效率、效益三者的统筹兼顾。然而，有些时候三者并不能兼顾，如为了提高教学效果和社会效益，教师在备课时需要花费大量的时间和精力，学生可能会损失一些教学效率，可是随着教师信息化教学能力的提高，这种情况会得到改善。所以，这时就需要教师根据具体情况在三者的选择中达到平衡。从学生发展的角度来看，衡量信息技术与数学教学整合的有效性时，效果、效率、效益这三个特征可以转化为三个指标：首先，学习效率，"也就是说信息技术与数学教学整合要切实提高学生学习的主动性，进而提高学生的学习效率"①。其次，学习结果，这是衡量有效性的核心指标。信息技术与数学教学整合应该能够促进学生对学习方法的掌握和思维方式的发展，进而促进学生理解数学的本质、获得能力的提高，取得学习的进步。最后，学习体验，换言之学生对学习经历的感受和认识，即学习活动给学生带来的心理体验。新课程标准中明确强调了教学目标的三个方面，即知识与技能、过程与方法、情感态度与价值观。要实现这三个目标，尤其是要实现情感态度与价值观目标，教师就一定要重视学生的学习体验。信息技术与数学教学的整合为学生获得积极愉悦的情感体验提供了强大的平台，教师利用信息技术可以让学生在教学过程中充分感受过程、体验情感，从而更好地认识和领悟知识。

二、信息技术与高中数学课堂教学整合的有效性原则

信息技术与数学教学整合绝不是信息技术的简单介入，也不是作为工具或者技术手段层次的提高，而是要将信息技术与数学教学有机地融于一体，达到教学过程的最优化。具体而言，应该遵循以下六条原则：

第一，必要性原则。在数学教学中，信息技术应当被负责地使用，它的使用应当为数学课堂教学服务，用它不是要代替传统的教学工作，而是要发挥它强大的力量，发挥它不可替代性的作用，做过去想做而做不到或做不好的事情，以便更好地开展教学活动，引导学生学习，加强学生对数学知识的理解。使用信息技术的目的是要把本来要做的事情做得更好、更快、更有效果，真正发挥它的巨大优势，弥补传统教学中的一些不足。换言之，并不是所有的教学都要用信息技术，并不是用了信息技术的教学就一定是好的教学。因此，如何应用技术要视具体的教学内容、学习目标和学生的实际而定，而不是单纯追求教

---

① 陈威．信息技术与高中数学课堂教学整合的有效性研究［D］．长春：东北师范大学，2010：26.

学手段的技术化和教学工具的现代化。信息技术的应用要充分考虑其必要性，该用的时候就要用，不该用的时候不要勉强用。

第二，互补性原则。传统教学方式的存在有其合理性和科学性的一面，信息技术与数学教学的整合并不能完全地离开传统的教学方式，告别粉笔和黑板。在传统教学中，学生的活动是有限的，教师的讲解也是单调和枯燥的。信息技术的介入能使学生的活动更加丰富，能使教师的表达更加形象。信息技术介入传统课堂有利也有弊，它的介入在某种意义上对培养学生的逻辑思维能力和抽象思维能力起着负面的作用，一些数学教学软件的使用也严重影响了学生计算能力的提高。因此，我们要把信息技术与传统教学的优势同时发挥出来，使其完美地融合在一起，以促进教学效率的提高和教学过程最优化的实现。

第三，渐进性原则。信息技术与数学教学的整合虽然已经达到了广大教育工作者的一致共识，然而信息技术与数学教学整合却处于刚刚起步的初级阶段。一方面，信息技术与数学教学整合需要考虑学生的实际，学生虽然很早就接触信息技术，但信息技术的应用能力未必很强，这样会给整合教学带来一定的阻力；另一方面，信息技术介入数学教学使得教师对学生的数学运算水平产生担忧，怕因此对学生的考试成绩产生不良的影响。因此，我们要立足于现实，承认信息技术与数学教学整合的适应性、阶段性和渐进性。

第四，整体性原则。整体性原则是指要将信息技术与数学教学按相互间的内在联系组成一个统一的整体，充分发挥整合的整体功能。具体而言，就是要从教学系统的角度出发看教学的目标、内容、资源、方式及评价等各个要素与信息技术是否有机地联系在一起，是否保证了信息技术与数学教学整合的连贯性、流畅性及和谐性，是否有效地促进了教学效率的提高，促进了学生信息素养与数学素养的整体提高。

第五，创造性原则。信息技术与数学教学整合在理论研究和实践研究两方面都取得了一定的成绩，呈现出很多成功的案例，对于这些成熟的案例，我们可以借鉴，但是过多的借鉴会阻碍信息技术与数学教学整合的发展。因此，我们要掌握信息技术与数学教学整合的方法和途径，不照搬，少借鉴，多创造，创造出更好更多符合自身学校特色、学生特点的成功整合案例。

第六，平衡性原则。平衡性原则是指信息技术与数学教学整合的有效性要追求效果、效率和效益三个特征之间的平衡。但有些时候三者却很难兼顾，如为了提高效果，教师可能会花费大量的时间和精力去备课而降低了效率。当然，追求效率的同时也要注重效果和效益，如果仅仅是黑板换成了白板，课堂变成了放映幻灯片的电影院，那就是没有效果和效益的整合。因此，在整合时要视具体情况而进行具体分析，最终获得效果、效率和效益三者之间的平衡。

三、信息技术与高中数学课堂教学整合的有效性策略

信息技术与数学教学的整合是一种新型的教学方式，这种整合应该立足于数学课程和数学教学，要从课程理念、课程目标、课程内容到教学过程乃至课程评价进行全方位的整合。

（一）数学课程理念的整合

正确的数学课程理念是信息技术与数学教学整合的逻辑起点，因为课程理念具有指导性的作用。信息技术的发展促使人们不断思考数学与信息技术的内在联系，不断思考如何在数学教育中有效地应用信息技术促进学生的学习，发展学生的信息技术能力。如今，《普通高中数学课程标准（实验）》在基本理念中明确指出要"注重信息技术与数学课程内容的整合"，其中还指出"高中数学课程应提倡实现信息技术与课程内容的有机整合，整合的基本原则是有利于学生认识数学的本质。高中数学课程应提倡利用信息技术来呈现以往教学中难以呈现的课程内容，在保证笔算训练的前提下，尽可能使用科学型计算器、各种数学教育技术平台，加强数学教学与信息技术的结合，鼓励学生运用计算机、计算器等进行探索和发现。"可见，信息技术与数学课程理念的整合是信息技术发展的必然，更是数学教育发展的必然。

（二）数学课程目标的整合

数学课程目标的整合是信息技术与数学教学整合的出发点。数学课程的目标一般分为两个层次，即总目标和具体目标；从三方面来阐述，即知识与技能、过程与方法、情感态度与价值观。在知识与技能方面，实现信息技术与数学教学的有效整合就是要让学生获取必要的数学基础知识与基本技能，其中信息技术知识如同数学基本概念、思想和方法一样可以视为基础知识，信息技术能力也可视为数学能力；在过程与方法方面，实现信息技术与数学教学的有效整合就是要让学生运用信息技术对数学学习知识的探究和发现，提高学生运用信息技术创造性地解决数学问题的意识和能力，实现学生数学能力与信息素养的协调发展；在情感态度与价值观方面，实现信息技术与数学教学的有效整合就是要以信息技术为依托，让学生认识到信息技术与数学的内在联系，以此激发学生的学习兴趣，拓宽学生的眼界和视野，帮助学生认识数学的科学价值、应用价值和文化价值。

（三）数学课程内容的整合

数学与信息技术之间的内在联系为课程内容的整合提供了坚实的基础，高中阶段的

"算法"内容为数学课程与信息技术课程提供了较强的连接点。为了突出信息技术的核心思想与数学课程的紧密联系，高中数学课程中专门设置了"算法初步"这个章内容，这一内容完全可以和信息技术课程中"算法与程序设计"这个部分整合在一起。另外，数学课程中的"概率统计"部分也可以和信息技术课程中的"数据管理技术"部分整合在一起。

（四）数学教学过程的整合

课程理念的整合、课程目标的整合、课程内容的整合最终都要落实到教学过程的整合中，通过教学过程的整合得以实现。因为信息技术具有强大的信息交流与处理功能，所以它可以为数学教学过程创设与教学内容相适应的情境，模拟与教学内容相适应的实验。因此，在教学过程的整合中，教师要有效地选用数学教学软件，充分发挥信息技术多样化的信息表征优势，实现教学过程的最优化。

（五）数学课程评价的整合

课程评价是对教学目标达到程度的判断，是对教学活动价值和效果的衡量。信息技术与数学教学的全方位整合必然包含课程评价的整合。信息技术与数学课程在评价层面上的整合主要体现在三方面：第一，评价内容的整合。例如，近年部分省市的高考题中把计算机科学与数学问题相结合，设计出算法、程序框图等许多创新试题。第二，评价过程与手段的整合。借助于信息技术，可以使教学评价和学生的日常活动有机结合，系统地观察和记录学生在学习过程中的真实表现，全面和真实地考察学生的特长、个性和创造性，较好地反映和适应学生的个别差异。第三，评价主体的整合。整合课程的评价更加强调评价主体的多元性，借助于信息技术可以将家长、教师、教育行政人员和教育专家联系起来组成一个教学评价的共同体。此外，整合课程的评价也应纳入学生的自我评价中。

第四章

教育信息技术与高中数学课堂教学的方法探究

第一节　信息技术与高中数学课堂教学的融合

一、信息技术与高中数学课堂教学融合的意义

信息技术高速发展也改变了数学学科的课堂教学，也必然面临着前所未有的改变，20世纪末期，计算机辅助教学的发展改变了传统教学那种简单的黑板粉笔的数学教学形式。从事实来看，这种发展并不仅仅是由于信息技术的发展，数学的发展同时也促进了信息技术的进步，信息技术已经充斥着我们所知道的很多领域，这对于数学教学而言既是一个机遇也是一个挑战，它不仅仅是简单的辅助作用，还给数学理解数学教学方式、数学学习和课程编制等都带来了变化。人们对数学的理解认识更加全面的同时，作为学校教育的数学教学也变得丰富多彩，传统的纸笔形式的学习和粉笔黑板的数学教学必然已经不能满足今日的需要，注重信息技术和数学课程与教学的整合成为数学课程改革的新视角之一。

（一）有效促进数学课程呈现的多样化

信息技术的应用对数学教学产生了很大的影响，信息技术改变了传统教学在信息收集、资源获取、计算、视觉显示等方面的方式，网络技术丰富了教学资源，提高了资源的运用效率，缩短了收集时间。"图形软件可将抽象的图形可视化，降低了理解难度有利于学生的入门学习，在教学形式上，传统的课堂教学是一个教师对多个学生，会存在教师不能及时了解学生学习的情况，通过信息技术建立交流平台，可以实现教师随时观察到每一个学生的学习情况"[1]。

---

[1] 宋婷婷. 基于信息技术手段辅助高中数学课堂教学研究［D］. 哈尔滨：哈尔滨师范大学，2021：7.

信息技术的飞速发展对于高中数学教学课程目标的实现、数学课堂内容的多样化，包括教师的教学方式也会产生影响。课程的设计应根据班级学生的实际情况合理地运用信息技术来辅助教学，数学课堂上运用多媒体信息技术的基本原则应有利于学生认识数学的本质，与此同时相应的数学教育软件也不断被开发出来，并且装备到学校，这无疑为数学教学中运用信息技术提供了很好的技术支持，而关于数学教学中信息技术应用的研究和实践也在不断开展并取得了一定的成果。

（二）能够促进新型教学环境设计

数学学科在发展的同时也促进了信息技术的进步，现代数学是计算机技术的核心，数学通过对复杂现象的抽象建模处理，借助计算机对数据进行处理分析和可视化，这对于人们能够有助于教师利用平台更好、更快、更安全地处理教学数据。

从而信息技术的发展和应用过程都和数学的思想和方法密不可分，这对于数学教学和信息技术的整合无疑是一个良好的契机。信息技术与高中数学课堂教学的深度融合，对于学生正确地理解数学、掌握数学知识和技能、提高数学能力都将有很好的帮助，相应的正确地理解数学。同时，信息技术的使用要逐步融入数学教学中，充分理解现代数学思想，更好地理解信息技术原理，更好地将信息技术和数学内容融合进行合理的数学教学。

（三）有助于数学课程目标的实现

数学学科核心素养是数学课程目标的集中体现，进一步认识、把握数学学科核心素养目标具有重要的意义。在高中数学课堂教学中，应注重信息技术和数学内容的整合，同时鼓励学生尝试使用一些辅助教学的信息技术软件，来与其他学生进行小组谈论和探究任务。一些几何动态画板类的软件可以增强数学抽象概念和知识的可视化，加深学生的理解来提高一堂数学课上的教学效率。信息技术手段的变化也让学生的学习方式发生了变化，学生也可以在线上复习预习，搜索网络上相关课程的资源或相关的数学文化史，让数学教学内容不再枯燥，也锻炼了学生自主学习的能力。

信息技术的使用也为数学课堂教学的进一步提高和应用提供了发展平台，信息技术可以帮助人们解决一些非常复杂的数学问题，如我们使用计算机可以在更短的时间内计算出复杂高次的非线性方程，也能够利用计算机数学现象，给数学的发展以强大的推动力。一方面，计算机不仅能够为人类解决复杂的问题，而且能够重现知识的构造，形象地对数学进行表述，动态地呈现问题以解决推理的过程；另一方面，网络技术也扩展了人们的视野，人与人的联系交流密切了，资源达到最大程度的共享，这也为数学的研究提供了很好的支持。信息技术为数学的发展注入了活力，使数学更加可视化、快捷化和人文化。

二、信息技术与高中数学课堂教学融合的原则

信息技术与数学教学融合有利于学生认识数学的本质，二者的融合需要遵循以下原则：

第一，促进学生的数学知识构建和认知结构的完善。数学学习是一种建构活动，包括数学抽象、数学理解和问题解决，这是学生进行知识建构的活动，同时从数学学习的过程、目标、功能等来看，数学学习又是一种建立和完善个体数学认知结构的过程。信息技术和数学教学的整合应促进学生知识建构和认知结构的完善，促进学生知识建构要有这样的考虑，即对数学概念进行多元表征，充分认识学习者目标的重要性及学习者与教师在目标上的差异，充分认识社会情境的重要性。完善学生的数学认知结构，数学教学要促进学生对陈述性知识的精深和组织促进学生的图式形成，促进学生的产生式系统建构。

第二，注重信息技术与教师教学优势互补。尽管我们强调信息技术在数学教学中非常重要，但是任何先进技术都不能取代教师教学的作用。学生是教学中的主体，教师在教学中也应当听取学生的意见和及时的反馈，从学生角度思考他们对数学的理解和问题解决，教师要鼓励学生反思问题的解答策略。同时，教师要能对学生的问题给予解释，对学生对于知识的掌握和认知过程做出评价，相对于信息技术而言这是教师的优势。而信息技术在图形的表示、内容的可视化、动态演示及计算、推理的快速等方面，又是教师不能企及的，所以合理的融合需要教师进行不同的教学设计，要根据数学课程内容和想要培养的数学能力及运用哪种信息技术手段等因素进行全面的考虑，信息技术不是简单地表述数学知识利用它可以揭示数学知识形成的过程，而且表述的方式很灵活，可以用文字、图形、动画、图表等多种方式多窗口地呈现。

第三，要重视信息技术与数学传统教学的结合。信息技术的使用不是完全代替传统教学模式，传统教学中对轨迹的形成过程、测量及精确性、动态演示等不够准确直观形象。信息技术有着强大的对数据和图形的处理能力，其交互能力对数学教学也有很大的帮助。但是传统的数学教学方式对于学生的学习有着积极的意义，教师进行问题解决的过程，从教学的语言和在黑板上的演示等，这些是信息技术无法取代的，教师在讲解问题的过程中，引导学生进行数学的思维，同时关注着学生的思维情况，并及时做出调整，完成有效的数学教学，而信息技术虽然可以清晰快速地展示数学知识的变化过程，但是缺乏和学生真实的交流，很难达到互动效果。同时，数学教学中不仅是知识建构和认知结构完善，师生之间还有更为高级的情感交流，这也是数学教学的重要方面。

第四，要有利于学生参与数学教学。学生是数学知识构建和数学认知结构完善的主体，数学教学中的任何数学活动都要从学生积极参与的角度考虑，信息技术改变了以往数

学课堂的枯燥性，以各种各样的形式展示知识，学生在多种形式下的数学教学环境中可以更好地发挥主动性，能够积极参与到数学教学活动中，充分利用电子白板或其他教学软件的内在学习资源和教学活动，如游戏比拼连一连，翻牌和组队比拼等游戏形式，激发学生学习数学的兴趣，积极主动地参与到数学教学活动中。

三、信息技术与高中数学课堂教学融合的方式

信息技术与数学教学整合的方式主要包括数学教学内容的整合、学生数学学习模式的整合、教师教学方式的整合和网络上课程资源的整合，其表现形式也是多种多样，有多媒体技术、计算机辅助软件、在线学习平台等。

（一）数学教学内容的融合

信息技术与数学内容整合主要从两方面进行，利用信息技术优化数学知识结构及调整数学课程内容的体系结构。信息技术在知识的呈现和分析知识结构两方面都有着独特的优势，通过多媒体技术可以设计知识逐步、动态地出现，相关的知识也可以链接进来，随时隐藏和出现，同时还利用网络技术以超文本的形式展示知识，解释不同知识点之间的结构联系等。在没有信息技术的情况下，教师只能在黑板上画出三角形和各种特殊三角形之间的关系，三角形向特殊三角形的化归过程和化归条件，然而由于这些都是静态的，虽然可以将问题解释清晰，但对于学生构建知识结构未必有帮助，但是通过多媒体设计、动画辅助可以逐步展示四边形之间的这些关系，甚至加上相应的图形和文字解释。

利用信息技术调整数学课程内容的体系结构是指在现有的信息技术条件下，精简或加强某些数学内容，对于能够使用信息技术直接解决的问题，学生只要了解其数学原理、算法规律等，而不需要反复地演练，如解答某些线性方程组、了解其解法、掌握基本的运算法则。

另外，我们可以通过信息技术进行模拟，通过实验猜测命题，进而再进行合理地证明，这不仅加强了该内容的学习，同时提高了学生数学探究的能力，这个过程中就改变了传统的教学方式，但同时也培养了学生的数学素养。

（二）学生数学学习模式的融合

在数学课堂上教师可以根据教学内容选取辅助教学的信息技术手段，这样学生的学习方式也会随之改变，可以引导学生通过线上学习平台来学习有关的数学内容，和小组同学一起探索解决一些教师布置的数学问题。此外，现代科技应提高学生的数学学习、能够帮助学习数学，能促使学生从事和掌握抽象的数学观念，为教师根据学生特定的需要而选择

教学所内容。在信息技术的支持下，教师可以设计比较丰富的课堂知识，供不同学生从中选择，为学生独立探索提供了帮助，学生通过个别化自我激发式的学习，以不同的认知策略整合知识，以自己适应的方式和步调来建构知识。另外，利用信息技术开展数学探究也是一种有效的学习方式。学习数学最重要的是了解数学发现的创造过程，但是由于传统数学教学受到条件限制，着重强调了数学演绎推理的一面，忽视了数学探究创造的过程。

（三）信息技术与教学方式融合

在传统教学中教师大多采用讲授式，对于一些较为抽象的内容不能更好地让学生理解，有了信息技术的使用如计算器、电脑互联网等，教学方式不再单一而是变得更加多样。在互联网信息技术平台的使用方面，师生在教学活动中的角色也发生着变化，教师不是数学知识的讲授者、传达者，也不再是课堂的主导者，而是成为学生学习过程中探讨和研究的伙伴和引导者帮助学生在自主探索、合作交流的学习环境中进行学习。除此之外，借助信息技术还可以进行线上教学，从而打破了时空的限制，学生在家也可以参与到教学活动中，与教师和其他学生进行互动交流。针对不会或没有跟上的知识点和习题，学生还可以反复观看视频，按照自己的学习进度进行学习，让学生感受到自己是学习的主导者。

第二节　高中数学课堂教学方法及其选择

一、高中数学课堂教学的基本方法

（一）分层教学法

高中阶段的学生掌握的数学水平参差不齐，如果采用统一的教学标准和要求就会导致很多学生无法完全跟上学习进度，长此以往就会出现数学能力的分化，不利于新高考选拔优秀人才。

分层教学法可以根据不同学生的水平制订相适应的教学计划，让每个学生的数学能力都得到最大限度的挖掘和提升，这种教学方法更符合新高考对学生的选拔需求，符合教育发展的趋势。在使用分层教学法时，教师要针对不同水平的学生制定不同的教学目标、任务，或者针对题目设置不同难度的问题来要求不同的学生解答，循序渐进、由浅入深地提升学生的数学能力。

（二）情境创设教学法

高中数学知识点繁多且难度较大，很多学生在学习过程中感觉到理解十分困难，学习兴趣和信心并不高，难以适应新高考要求。尤其是当学生的学习基础比较薄弱时，在数学学习及解题过程中容易遭遇思维障碍，从而严重影响个人的学习效率和学习成绩。而在教学中创设丰富的教学情境，不仅可以营造良好的教学氛围，还可以建立起数学知识与现实生活之间的有效联系，将复杂、抽象的数学知识形象化、具体化，进而促进学生对数学知识的理解和应用，激发学生的学习兴趣和主动性。

因此，数学教师要联系生活中的现象来创设教学情境，帮助学生及时突破思维障碍，实现高效学习。例如，在学习"函数的单调性"这一部分内容时，教师可以通过视频播放生活中常见的潮起潮落的景象，为学生构建学习情境，模拟潮起潮落而画出浪潮的运动轨迹，并且与函数的图形和性质进行对比，让学生感受两者间变化规律的联系，从而更好地理解函数性质。另外，教师还可以根据知识点设计一系列问题来创设问题情境，引导学生遵循科学步骤进行思考和探究，通过问题思考可以逐步深入完整地理解知识点，从而提高数学学习效率。

（三）任务驱动教学法

高中数学教学方法的选择需要贴近生活实际，通过生活化的数学教学方式来拉近数学教学与学生生活之间的现实距离，从而激发学生在生活中应用数学的意识，培养学生具备发现生活中数学知识应用价值的"慧眼"。

学生只有拥有丰富的生活体验和应用经验，才能循序渐进地提高数学知识的应用能力，加快数学学科核心素养的养成。因此，高中数学教师在教学过程中要结合具体的教学内容和目标，创设多元化的学习任务、探究任务、合作任务，让学生带着任务和目标开展数学课程的学习，这样可以更好地引导学生加强数学知识与生活实践之间的联系，做到在现实生活中多观察、多思考，建立起数学知识学习与现实生活感悟之间的联系，实现个人知识应用意识和数学思维能力的不断强化。

另外，贴近学生生活实际的数学教学及任务的结合，还可以促进学生个性化素质的培养和发展，使高中数学真正实现对学生数学综合素质的培养，同时让学生数学学科素质的培养事半功倍。

（四）小组合作教学法

以往的高中数学教学中，由于教学任务重，数学教师在课堂上会占据主导地位，用大量时间进行知识的传授和习题的讲解，学生参与课堂讨论或交流的机会较少，小组合作学习的机会不多，导致学生的思维能力不能得到很好的培养和锻炼。

小组合作教学法是引导学生思考、讨论、交流、思维碰撞的良好途径，通过小组合作学习，学生可以进行积极主动地探索，全身心地参与到思考讨论活动中，还能学习他人的思考和学习方式，对自身数学能力的提高充满裨益，同时也可以帮助学生更好地迎接新高考挑战。因此，数学教师要在充分调研学情的基础上，按照"组内异质、组间同质"的原则将学生划分为若干学习小组，安排相应的学习任务，让学生在课外加强自主学习和交流，使学生在相互讨论、共同学习中对知识点的理解更加深刻，掌握的知识更加牢固，数学水平得到有效提升。

总而言之，新时代下高中数学教学面临更高的要求和更大的挑战，因此教育者要重视数学教学方法的改革创新，不断探索新的教学方法，如情境创设、小组合作、信息技术、分层教学等，这对拓展学生思维、提升学生自主学习能力有着重要作用，有利于培养符合新高考要求的优秀人才。

（五）信息技术教学法

现代信息技术的发展普及在高中教学中也得到了广泛认可和应用，信息技术带来了充足的教学资源、多样的教学模式、新颖的知识展示方式，使乏味抽象的数学知识能够以更加生动直观地被呈现出来，更好地帮助学生理解知识、拓展思维、扩大知识外延。

一方面，教师可以用多媒体展示一些抽象的数学图形或变化过程，例如函数的图像、不同函数的对比、函数的运动轨迹等，这些内容通过多媒体可以直观地展示出来，学生更容易理解和接受；另一方面，依托信息技术的新型教学模式可以有效地提升高中数学教学质量，如微课、翻转课堂等，教师可以将教学的重难知识点录制成微视频，引导学生预习或复习，培养学生的自主学习和思考能力，从而提升数学水平。此外，数学教师还可以结合学生的多元化学习需要，借助网络平台开发和建设数学学习资源库，方便学生结合自身实际和学习需要检索学习资源，满足学生个性化学习的需求，降低教师一对一教学指导的压力。

二、新课程背景下的高中数学课堂教学方法

"新课程背景下，其对高中数学的教学具有重要的帮助，不仅能够使传统的教学方式得到有效转变，而且还能实现课堂教学效率的优化，从而使学生学习数学知识的能力得到

切实增强"①。数学是高中的必修学科之一，同时也是较难懂的一门科目，依据社会持续进展的需要及高中学生自身拓展的需求，教育机构推出了新型的课程革新。在新课改的背景中，高中数学授课促进素质教学就变得异常关键，要促进素质授课的进行就需要推出与之相符合的高效能的授课模式，采用卓有成效的授课模式。

高中数学施行新课改革，教师是施行的主导力量。就授课教师还有教学工作者而言，新课改革不光是一个艰巨的挑战，还是一个很好的契机。广大教学人员需要抓住这个契机，适应新课改革的时代步伐，改变以往的授课理念，感悟数学的新理念，加强教学品质，进而培育出更优秀的高素质精英。

教学是教师传播知识，学生获取新知、提高技能与锻炼能力的主要途径，高效率的课堂教学是很有必要的。为了构建有效性教学，作为教师，不仅要精心备课，而且还要重视教学过程，这样才可能提高教学质量。新课程背景下的高中数学方法的具体内容如下：

（一）精心备课

在新课程背景下，高中数学教学以上课为中心环节，备课是上好课的前提条件，教师要备好课、奠定好有效性教学基础就必须做好以下工作：

第一，认真钻研教材，把握教学内容。在上数学课前，作为数学教师，要认真钻研教材，包括钻研教学大纲、教科书和参考书。钻研教材有一个深化的过程，一般须经过懂、透、化三个阶段。懂，就是对教材的基本思想、基本概念都要弄清楚、弄懂；透，就是要透彻了解教材的结构、重点、难点与知识的逻辑性，能运用自如，在教学的过程中知道补充哪些材料、怎样才能教好学生；化，就是教师的思想和教材的思想科学地融化在一起。

第二，深入了解学生。作为高中数学教师，不仅要了解学生原有的知识、技能和兴趣，而且还要了解学生的学习方法和习惯，并在此基础上对学生学习新的知识会有哪些困难、出现哪些问题等做出预测以采取积极的对策。

第三，合理选择教法。选择合理教法，就是指教师需要解决如何把自己已经掌握的知识传授给学生的问题。合理选择教法主要包括如何组织教材、如何确定课的类型、如何运用各种方法开展教学活动等。另外，也要考虑学生的学法，包括预习、课堂学习与课外作业等。

（二）重视教学过程

在高中数学教学中，教学过程很重要。学生对新知识的理解、巩固，不可能一蹴而

---

① 苟发安．新课程背景下高中数学教学方法的创新研究［J］．考试周刊，2022（4）：57.

就，学生的学习始终处于一个发展、动态的过程。因此，作为教师需要根据学生的身心特点来灵活选择教法、重视教学过程，让学生轻松掌握所学的知识。重视教学过程主要体现在以下两方面：

第一，精心创设课堂教学情境。在高中数学教学中，教师应精心创设课堂教学情境，就是指数学教师需要借助教学内容和知识的可塑性，有目的地创设数学教学情境，情境要适度生活化，应与相关学科内容有联系，且在教学时一定要从授课内容出发、从学生的实际着手，只有这样才能真正创设课堂教学的好情境。当然在新课的教学中可创设趣味性的问题情境，引发学生自主学习的兴趣；在习题课的教学中，可创设开放性的问题情境，引导学生积极思考，让学生主动参与讨论。

第二，设置有效课堂提问。在新课程背景下的高中数学教学中，课堂提问是教学的手段之一，设置有效课堂提问让学生处于一个积极的状态，不仅能为学生的发展提供一个广阔的空间，而且能在教学过程中恰当地引导和有效地提问来激发学生的学习兴趣，促使学生积极地去探讨新知，使教学效率最大化，而不是提出一些机械的问题。

总而言之，在新课程背景下课程改革的核心就是课程实施，实施的基本途径是课堂教学，就"数学"这门学科而言，教师作为课堂教学的主要参与者，也是课堂教学过程中不可缺少的引领者，在教学实践中教师的教学方法、教学风格乃至教学理念对课堂教学质量都有很大的影响。所以作为高中数学教师，应积极投身于课堂教学之中，用自己的眼光发现问题，用自己的思考分析问题，用自己的智慧解决问题，使学生对数学有兴趣，提高课堂教学效率，给学生节省更多的学习时间，以期学生能得到全面发展和学习成绩的提高。

（三）设计以学生操作为主的教学活动

在新课程背景下的课堂中，学生是课堂的主要参与者，教师应该明白学生的学习是从手、眼、脑的协调开始的。就高中生而言，通过操作为主的教学活动可以使他们与学习内容的距离缩短，从而能直接开展学习认识活动。例如，在数学教学活动中，一些操作起来相对容易的活动，教师就可以让学生自己动手实践，像数学中的全等、对称图形等，可设计以学生操作为主的教学活动，让学生参与到教学活动中，为有效性教学提供保障。

（四）重视个性发展分层授课

新课程革新倡导"授课实践要展现推动学生进展"这一基准信念。教师是课上的组建者、指引者与考核者，而不是课上教育实践的中心，学生才是教师授课服务的对象。因此，教师在授课的途中要时刻以学生为中心，根据学生的学习进展拟订课上的授课目标，重视学生的个性发展，并且展开分层授课。

例如，教师在教授湘教版高中数学必修一"函数的概念和性质"这一课时，将教材上的例子呈现在屏幕上，让学生思考下面的问题：炮弹的射高和时间存有怎样的关系，南极的臭氧空洞面积和时间变化间的关系等。让学生先进行一段时间的思考，随后教师邀请学生来回答这些问题，

由于学生的学习水平不一样，假如采取单一的授课方法不仅不可以让学习水平差的学生跟上授课进程，而且还不能帮助已经学会这个知识点的学生加强学习水平，因此，教师就可以采取分层授课方法，让每一位学生都可以有所收获。在授课活动中，教师依据授课现实情况历来调节授课方式，展开分层授课，合理规划授课内容，让每名学生都可以有所成就。

总而言之，新课改落实以后课程标准对高中数学的授课实践提出了更严苛的要求，教学人员需要持续优化授课理念，用领先的授课思想和理念来带动头脑，为学生创建一个富有活力、富有乐趣性与趣味性的有效性教学。所以，在现实授课中，高中数学教师要遵循新课标的要求，加强课上授课效率，推动学生的全方位进展。

（五）重视学生思考力的培养

目前的高中数学课上，大部分学生存在着课前不预习、课上不认真听讲、课下不会做题的问题，这严重影响了数学授课实践的平稳开展。对于这种情况，教师务必在有限的课上授课实践中加强授课的效率性，指引学生主动思考，以培养学生的思考水平。

例如，教师在讲授湘教版高中数学必修三"空间几何体"一课时，就可以运用现代信息设备来搭建生活情境，以施行授课填充，让学生更有效地了解教材的基础知识。在这个过程中，教师不仅可以呈现多种多样的立体图形，而且可以要求学生把立体图形按着一定的规则实行分类。随后教师便可以开始为学生讲解课本中的理论知识点，让学生在熟悉教材基础知识的前提下，平稳展开接下来的授课任务。教师可以展示圆柱、棱柱、多面体等实物与立体图形，指引学生对物体进行仔细观察、探讨、分析和比较，最终总结出多边体的定义。

总而言之，虽然学生在授课活动中耗费了很长的时间进行实践，但他们都可以精准地总结出几何体的构造特性，最终顺利完成了学习任务。

（六）营造民主和谐的人际关系

在教育的过程中，营造融洽和睦的师生关系，无论对教师的"教"还是对学生的"学"都是非常必要的，因为这样会使学生有一个愉快的学习情绪，会激起学生的学习兴趣。尤其是高中数学教师，他们由于任课时间相对较少并且与学生交流的机会较少，因此

容易让学生对他们产生严肃的印象，甚至使学生觉得教师令人害怕。所以，在平时的课堂中教师应多与学生交流、亲近，与学生建立民主和谐的关系，学生才可能喜欢这位教师，并且喜欢"数学"这门课程，进而产生学习的兴趣，那么教师的课堂效率也就会随之提高了。

新的课程革新需要高中数学教师在授课时，要以高中生为学习的中心。教师的角色要从以前的确定者演变为学生学习流程中的参与者及指引者，同时，高中生在学习的过程中要从以往参加者的身份，逐渐变为组织者及确定者。在新课程革新的背景中，教师在学生的学习过程中起到指引与参加的作用，其主要表现在全方位地指引与适时参加。

例如，教师在给学生讲授湘教版高中数学必修一"几何与函数"这一课时，教师应该在讲述完课堂内容以后提出有关的问题，让学生划分成小组自行探讨、探究函数的性质和函数之间存在的内在关系。教师应该在旁边观看学生探讨与探究的成果，并在适当的时机指引学生该怎样处理问题，而并不是一直重复在讲述课堂上的内容，并且让学生在课下做大量的习题。教师在授课的途中应该搭建起轻松愉快的课上学习环境，唤起高中学生学习数学知识的主动性与乐趣性，使学生在课堂上大力发挥自身的个性、发挥想象力。

总而言之，学生会在持续探讨和探究的过程中更加积极并主动地琢磨有关问题，持续地发现并把控诸多优良的解答方式，从而提升高中生在学习途中的自信心，让学生变为数学课上真正含义上的指导者、抉择者，同时也锻炼了学生的创设性思维。

三、高中数学课堂教学方法的影响因素

高中数学课堂教学方法主要有以下影响因素，如图 4-1 所示。

图 4-1　高中数学课堂教学方法的影响因素

（一）数学知识与认知结构的影响因素

学生学习数学知识已有多年，在每个学生的大脑当中早已存储了大量的数学知识。当个体遇到一个问题的时候，他们先是会在大脑里进行搜索，看是否能够找到相对应的知识

点，用以解决碰到的数学问题或是生活上的其他问题。但是如果在个体的大脑中，本身没有很多数学知识的储备量，那么当个体接触新问题时就不可能对问题进行一个思维的整合。

例如，某个人学习到的知识点已经达到了足够的量，但是他/她在遇到新类型的问题时还是无法解决。这是由于虽然这个学生的大脑里有很多知识，但是他/她不能将这些现有的知识整体系统地进行综合运用，甚至有时候相互之间还分不清楚。因此，只有让已有的知识形成一个整体系统的结构，才能灵活自如地运用所学知识。

（二）智力水平的影响因素

智力水平对学生数学思维能力的影响也是十分重大的，智力水平的高低主要体现在对知识的接受能力和对知识的运用能力上。在一堂新课的讲授中，有的学生可以及时掌握，有的学生却不能掌握，这就是由于他们的接受能力不同导致的。接受能力强的学生，他们课后所做的作业准确率很高；而那些接受能力差的学生，他们课后所做的作业则准确率较低。如果学生的接受力强，则他们运用知识的能力也不会差。对知识的运用能力就是指学生接触新事物、新数学问题时，对大脑里存储的数学知识进行选择、联想后再用于实践的能力。在培养学生数学思维能力和发展数学思维能力的过程中，数学知识的接受和运用是非常重要的。

（三）非智力因素的影响

非智力因素①是可变的、可操控的，它既可以促进学生的数学思维能力，又能够对数学思维能力起到阻碍的作用。因为非智力的因素包括很多方面，如周围的环境、学生的心态等。

例如，当学生处在一个安静舒适的环境时，他们学习的效果自然会更高；当学生身处的环境很嘈杂、不适合学习时，即便学生的身体坐在教室，即使学习的时间很长，学习效果也不会好。又如，一个学生的心态很好，对任何事情都持有乐观的心态和顽强的毅力，长此以往这个学生的数学思维能力就能够相对地提升；反之，持有消极心态的学生，他们的数学思维能力也不会有明显的变化。

---

① 非智力因素，是指不直接参与认知过程的心理因素，它包括情感、意志、性格、兴趣等方面。

四、高中数学课堂教学方法的选择

（一）依据年龄特征选择

高中生的年龄一般在16~18岁，这时学生身体的各个器官基本发育成熟，脑功能基本达到成人水平，学习潜力增长，注意力比较集中，自我控制能力增强，基本能把逻辑思想和直观形象结合起来，逻辑思维也基本形成。此阶段教学方法的选择应激发学生思维的积极性，可有计划地不断采取"自学法""读启法"等一些教学法。需要注意的是在教学中使用一种教学方法，会使学生产生"惰"性，同时课堂气氛显得单调，不仅不利于提高教学效果，而且也不利于学生的个性发展。因此，教学方法尽可能地交替运用，这样可保持学生的注意力和对学习的浓厚兴趣。

（二）依据教材内容选择

"每节课、每章教材内容不同，选用的教学方法也不可千篇一律，而应该根据教学的具体内容做相应的调整"[①]。例如，高二代数中对"等差数列"和"等比数列"这两个重要概念的教学，由于它们几乎没有多少道理可以讲述，因此这样的课程采用"直接讲授法"，学生对概念的印象比较深刻且容易记忆，采用其他方法反而不太合适。

教材中能够运用教具的地方要充分利用，这样既可加强教学的直观性，也可激发学生的思维，同时有利于提高学生的注意力。例如，在高一立体几何中学习地球的经度概念时，先进行教具演示，学生会发现，地球上某点的经度就是经过该点的经线与地轴确定的半平面，其与本初子午线与地轴确定的半平面所成二面角的度数。这个知识点在教学时，如果不借助于教具，学生就很难理解"经度"这个概念。

教材中有的例题课可采用"演示法""启发法"和"讲练结合法"，有的概念、公式或定理课可采用"自学法"，有的习题课可采用"提问法"或"剖析发现法"，引导学生逐步探索或剖析发现解决问题的方法，从而达到解决问题的目的；复习课可采用"自学法"或"归纳法"。这样，不仅有利于学生了解教材内容的系统性和知识的框架结构，而且也可以培养学生的归纳综合能力等。

（三）依据学生基础选择

由于教学是师生的共同活动，因此教学方法的选择直接影响着教学效果的好坏，最优

---

① 单风美.高中数学教学方法研究与实践［M］.天津：天津科学技术出版社，2018：20.

教学方法的选择就尤为重要。而教学方法是否最佳也是相对于学生基础而言的，它应根据学生的实际水平而加以综合运用。教师在选择教法时，必须注意学生的基础，如果学生的学习基础很差，那么教师采用"自学法"或"练习法"是不合适的，而如果学生的学习基础较好，那么教师采用"直接讲授法"反而会限制学生能力的提高。

从原则上来看，在学习基础较差的班级里，要多采用"座谈法""启发法"，这在一定程度上会减轻学生的学习负担，这样有利于激发学生的学习兴趣。而在学生基础较好的班级里，可多采用"自学法""暗示教学法""引导发现法"等，这些方法会起到事半功倍的教学效果，同时更有利于学生创造性思维能力的提高。

教学中，很多时候都需要把教学内容和学生的实际情况结合起来，以便恰当地选择教学方法。例如，当某教材内容与学生已掌握的旧知识内容类似时，可选用"类比教学法"，高中教学中的复数加减法的几何意义其实就可类比物理学中的矢量关系进行类比教学。当教学内容与学生已经掌握的基本道理或理解步骤大致一样，但又有个别关键性的地方不一样时，可采用"对比教学法"。例如，在高一立体几何中通常用到同一法和反证法进行对比教学，这样学生就更容易理解两种方法的异同点。

教师在选择教法时，要充分考虑如何更好地把教师的主导作用和学生的主体作用有机地结合起来和发挥好。同时，各种教学方法虽各有特点和用途，但它们又是互相联系、互相补充、相辅相成的。因此，教师在教学中应根据教材内容的特点和教学任务及学生的知识水平，对教学方法进行精心选择或巧妙搭配，紧紧围绕提高教学质量的总目标，努力做到多种教学方法的最优结合，丰富教学研究成果，为培养一代新人做出更多的贡献。

第三节　高中数学课堂教学思维能力的培养方法

一、重视情感与心理的培养，激发积极思维

（一）构建良好的师生关系

情感是人与人之间良好沟通的桥梁，学生喜欢某一学科往往是从喜欢这门学科的任课教师开始的。教师在对学生的学习、生活、思想全面关心照顾中，教师的外在形象气质、优雅的举止行为、广博的知识、扎实的功底、幽默风趣的语言和亲切灵动的教学方式都会让学生想要亲近教师，从而自发自愿地、饶有兴趣地进入该门学科的学习中。所以，良好的师生关系是吸引学生努力完成课程学习的助跑器和润滑剂。

（二）激发学生学习的兴趣

兴趣作为一种非智力因素，是最好的老师，是最强有力的学习催化剂，天才的秘密就在于强烈的兴趣和爱好中。浓厚的兴趣能有效地诱发学生学习的积极性，促使其主动地探求知识、研究规律、把握方法，从而创造性地运用知识。不过，学习兴趣也不完全是天生的，也是要在后天的环境和教育的影响中产生并发展起来的。激发学生学习数学的兴趣，是进行思维训练不可缺少的基础条件。

第一，数学史与数学教学相结合，激发学生的学习兴趣。将丰富的数学史料引入数学课堂，让学生了解数学发展的历史演变和数学家刻苦钻研概念、定理及公式的来龙去脉，使难以接受的数学内容更加人性化，激发学生对数学学习的情感，也能培养学生对数学的学习情感。

第二，学而知疑深思，发展学生的学习兴趣。思维来源于疑问，在教学中引导学生提出问题往往比解决问题更重要；学生在提出问题的过程中，将会极大地调动自身的积极性，变被动为主动参与教学，有利于学习兴趣的培养。课堂上让学生自己去发现问题、质疑提问，既满足了学生的好奇心与求知欲，又给学生创设了机会，培养自主探求、积极思考、追求真理、探求真知的良好思维品质，激发学生学习数学的兴趣。

第三，学以致用，增强学生的学习兴趣。将数学知识与学生的生活实际紧密联系起来，从学生熟悉的生活情境和感兴趣的事物出发，为他们提供观察、操作、实践探索的机会，从周围熟悉的事物中学习数学和理解数学，感受数学的趣味和作用，体会到数学就在身边，结合所学的知识学以致用，让学生体验到"成功的喜悦"，激发学生的数学学习兴趣。

第四，经常鼓励和表扬学生，保持学生的学习兴趣。成功是促使学生主动参与学习过程中的一种积极的情感体验，它是促使人们乐观向上的动力。在课堂上，教师应注意让学生尽量多发表自己的不同意见，在不违背数学客观事实的前提下多赞扬、多肯定、多启示、多激励学生，除此之外还可以在学生的作业本、考卷上写下一些鼓励和赞扬的语句，如"字体整齐干净，看你的作业赏心悦目""这次作业完成得很棒！对题目的解答很有创造性"等。在日常教学中，教师要善于发现学生的"闪光点"和"微小进步"，善于挖掘学生的潜能，经常鼓励和表扬学生，这虽不是灵丹妙药，但也是行之有效的教育方法。

（三）重视学生的思维发展

在教学活动中，真正让学生参与课堂的全过程是新课让学生提前预习、问题让学生去发现、方法让学生去归纳、重点让学生去探索、难点让学生去突破。即使在某个环节中出现错误，教师也应坚持激励性原则，对学生多加鼓励，不急于纠正，让其他学生一起去找寻错误的根源。在学生一起参与的过程中，体验感受、正误对比，加深了对问题的认识，提高了学习的热情。

二、加强思维品质教学，培养学生思维能力

（一）选择变式教学，培养思维发散性

变式是指对数学概念和问题进行不同角度、不同情形的变换，凸显概念的本质属性和清晰的外延，突出数学问题的结构规律，揭示知识的内在联系。变式练习是指把上述变式材料以书面作业的形式提供给学生，学生在完成作业的过程中通过多角度的分析、联系、比较，把握概念的本质属性，掌握问题的恰当分类及相应的解题方法。变式练习包括"问题变式"和"概念变式"。变式，需要我们多角度地思考问题、多途径地解决问题，是一种不断地深入探索问题的方法。组织变式训练，可以使学生的思路逐渐开阔，从而培养学生思维的发散能力。

（二）改变思维方式，培养思维深刻性

学生经常满足于一知半解，对概念不求甚解，做练习时不去领会解题方法的实质，这反映了学生在思维上的惰性。学生思维的惰性还表现在定型化的推理上，按习惯推理，不做深入思考。克服学生思维的惰性，主要是克服学生思维的表面性与绝对化、培养学生思维的深刻性、引导学生思考事物的本质且学会全面认识事物，从而达成思维的深刻性，具体有以下三种方法：

第一，通过对比教学，加深对概念的理解。很多数学概念彼此之间既有联系，又有区别，学生很容易产生混淆与错觉，不能明确概念的本质。在教学中，用对比的方法掌握它们之间的联系与区别，又在对比中鉴别它们各自的特点与本质，教师要在这方面多下功夫。从概念的内涵和外延对概念进行对比，使学生明确概念的内涵有哪些不同和相同之处，外延之间有没有交叉，学生对比清楚了才能对概念理解得深刻，从而才能达成思维的深刻，如正数与非负数、方根与算术根等。

第二，加深学生对数学定理、公式、法则的全面理解。在定理、公式、法则的教学中，要让学生完整地掌握它们（包括条件结论和适用范围），领会其精神实质。

第三，通过开放式教学，加深理解数学问题的本质。新课程改革给一线教师带来了全新的教学理念，教学过程更注重"沟通、理解和创新"，学习不可把知识简单机械地装进学习者的头脑中，要重视对问题进行分析、思考及归纳总结的过程，才能把知识变成自己

的"学识、主见及思想"，并能应用到未来的学习和生活中。开放式教学走进数学课堂，整合传统的教学模式，实现师生双方交流、沟通，是提高学生分析、思考及解决问题能力的有效途径。数学学科的"开放"包括数学教学内容、学生数学活动和学生与教学内容之间相互作用等几方面的开放。具体而言，教师要尊重学生的主体地位，发挥学生的主体作用，引导学生积极主动地参与教学过程，才能促进学生探究数学本质的思维活动。

（三）克服思维呆板，培养思维灵活性

教师在教学中过多地或片面地强调程序化和模式化，容易造成学生只能按照模式解题，思维呆板。注入式的教学导致学生缺少应变能力。思维的灵活性主要表现在善于迅速地引起联想，建立自己的思路，同时又能根据情况的变化而善于进行自我调节，及时地和比较准确地调整原有的思维过程。

第一，启发式教学，打破思维定式的消极影响。解题过程是在教师的引导下师生共同参与的活动过程，学生的思维得到了充分的调动，在信息不断交流的过程中师生的思维得到了充分的展现，并在不断反馈、不断调整的过程中优化了思维过程。

第二，灵活运用条件，提高运算的简捷性。在教学上让学生解决问题有时并不困难，困难的是让学生能够灵活运用条件以达到简便、快捷地解决问题。这需要思维的灵活性，这也是思维的重要品质之一。这种灵活性突出表现在能否找到更有效、更快捷的解题方法，是否能从已知因素中挖掘出新因素，从隐蔽复杂的因素中寻出问题的本质，从而巧妙地从一种解题思路转换成另一种更加快捷有效的解题思路。因此，教师可以运用发现法让学生在观察中发现、在发现中思维、在思维中提问和进步。

三、强化数学语言教学，提升思维的效率

由于数学的独特性，数学需要用一定的数学语言系统来叙述论证，于是数学语言不仅在数学发展中起着重要的作用，在数学教育中也起着不可忽视的重要作用。数学语言是我们在数学教学中必用的一种语言，是体现数学思维的载体，是师生进行数学思维交流的基本工具。它严谨清晰、精练准确，通常可分为文字语言、符号语言和图形语言。

文字语言是数学知识中最基本的组成部分，它是描述数学概念、数学定理及数学证明的主要语言。例如，一个命题的条件和结论分别是另一个命题的条件的否定和结论的否定，这样的两个命题称为互否命题，如果其中一个是原命题，另一个就是原命题的否命题；一个命题的条件和结论分别是另一个命题的结论的否定和条件的否定，这样的两个命题称为互为逆否命题，如果其中一个是原命题，另一个就是原命题的逆否命题。

符号语言是由数学符号表达的语言，有运算符号、公式符号等，它们抽象、精确且极

其简洁，便于书写、计算和推理，一个符号绝不具备双重含义，数学是抽象的，那么其载体也自然是抽象的。图形语言通常用图形来表示并伴以一定的文字说明，是数学的直观语言。很多时候，用图形语言解题更为简明快捷。

（一）注重数学符号的使用

第一，运用数学符号，理解数学概念。在数学知识中，命题、概念、定理等无处不在，正确理解掌握它们是学好数学知识的基础，也是进行数学交流的必备条件。而数学符号是构成数学概念的重要组成部分，有些概念是先文字语言后数学符号，有些更抽象的概念只用数学符号。

第二，运用数学符号，简化数学推理。数学推理与论证涵盖着大量的数学逻辑思维，如果只用文字表述将极其繁杂不便，而数学符号的简洁明确使其与推理有着密不分的关系。例如高中立体几何的证明，它的繁杂性绝不可能仅用文字叙述来证明，若用符号进行推理证明则会简化很多。

（二）加强数学语言的转化训练

思维是能力的核心，语言是思维的外显，是思维外在的表现形式。文字语言、符号语言和图形语言是数学语言的三种主要形式。同一数学问题的表述与研究过程可以用多种语言形式表达，它们各有不同，不同情况、不同问题选择不同的数学语言将达到不同的更良好的效果。文字语言习惯自然，利于含义的叙述；符号语言简洁精确，运于计算、推理；图形语言形象直观，利于问题的具体化，为数学思维提供了更直观的模型。在数学语言转换中，能使学生对数学材料或问题更加充分全面地理解，对正确理解题意、快速发现解题方法是至关重要的。

（三）创设交流合作的氛围

教学中进行师生对话，是数学课堂中最常见的教学策略。数学思维默默地在大脑中进行数学语言的有效运用，教师需要引导学生将其内部思维变为外部语言的方法便是与其进行有效的数学交流，利用这种师生外部语言的数学交流，便可对之前内部的思维活动进行加工、整理，以此表述巩固思维结果。数学交流还可以发展和深化学生对数学问题的理解。学生在用数学语言表述、解释、推理的数学过程中，是对其内部思维活动的一种简捷、清晰、明了的状态，有助于学生理解和解决问题；同时，交流又使学生相互借鉴，保持对数学问题的敏锐意识，养成质疑的良好习惯，激发乐于探究的意识，发展提高数学能力；另外，这种交流有助于提高学生交流、沟通、交往的能力。

四、注重数学思想与方法教学，发掘学生思维潜能

注重数学思想方法的教学是促进学生思维能力发展，使其形成良好的思维品质的素质教育的重要内容。

（一）注重知识发生教学，增强思想方法培养

知识的发生和应用整理是数学教学过程的两个主要阶段。知识的发生是建立新旧知识内在联系、获得新知的过程，它包括概念的形成与理解、结论的猜想与论证、数学思想方法的探求等。知识的应用是已有知识和方法在应用中进一步理解和巩固的过程。

数学思维能力在形成理性思维中发挥着独特的作用。教学中应强调对基本概念和基本思想的理解和掌握，对一些核心概念和基本思想（如函数、空间观念、运算、数形结合、向量、导数、统计、随机观念、算法等）要贯穿高中数学教学的始终，帮助学生逐步加深理解。由于数学高度抽象的特点，应注重体现基本概念的来龙去脉。在教学中要引导学生经历从具体实例抽象出数学概念的过程，在初步运用中逐步理解概念的本质。

对于规律（如定理、公式、法则等），也要重视其发生过程的教学。教师也应当善于引导学生通过感性的直观背景材料或已有的知识发现规律，不过早地给结论，弄清抽象、概括或证明的过程，充分地向学生展现自己是怎样思考的，使学生领悟蕴含其中的思想方法。

总而言之，在课堂教学过程的每一个环节上都要有意识地引导，抓住传播数学思想方法的每一个机会，长此训练和培养，学生才能逐渐步入实现数学思想与方法的自由。

（二）进行整理总结，掌握思想方法的概括与提炼

数学思想方法以数学知识为载体，分布得比较分散，这种教学形式不仅有利于数学思想方法的学习与巩固，也符合学生对数学思想方法的认知规律，学生在潜移默化、耳濡目染中逐步感受、领悟和掌握数学思想方法。但由于同一数学问题可以涵盖很多不同的数学思想方法，同一数学思想方法分布在不同的数学问题中，经常进行总结，以集中的方式纵横两面复习，对掌握数学思想方法也是十分重要的。例如，高中立体几何中"点、直线、平面之间的位置关系"是高中数学知识的难点内容，它除了要求学生具备良好的空间想象能力，还要有较好的解决平面几何问题的能力，才能顺利地完成从平面图形到空间图形的转化，由此才能深入了解此章的各种空间公理、定义、定理并予以进行几何证明。学生在初期学习空间相关定理时，理解掌握的情况还可以，但到应用定理去证明计算一些具体立体几何题目时就会显得有些困难，不能在具体稍复杂的空间环境中寻找出几个相关的基本

定理的模式或者对基本定理还是混淆不清造成的。此时，教师应善于及时对最初的基本原理进行再梳理、再总结、再概括、再提炼，以促使学生对所学知识有更深一层的领悟，自然在解决问题时思维也会更清晰，方法也会更得当。

（三）加强解题教学，归纳思想方法的指导与统摄

加强解题教学，不是为了解题而解题，而是通过解题而反思、总结、归纳解题方法，提炼升华到数学思想的高度；同时在解题活动中，不断巩固数学思想方法，以此更好地发现解题途径。

第一，引导学生在解题反思中领悟数学思想方法。反思是解题活动不可缺少的重要环节。针对某一数学问题，没有任何一种解题方法是完美无缺的，总有它的一些缺憾之处，师生不要有所遗漏，而是对其充分地再钻研、再探讨，不仅能优化解题过程，还能深刻自我的思维活动，总结更为丰富的解题经验。例如，在引导学生自觉检查自己的思维活动、反思自己的思维策略运用了哪些基本的思想方法时，如果解题错误，一定要反思错误原因，只有这样才能对数学思想方法有更深刻的认识。

第二，引导学生在解题中运用数学思想方法。在解题教学中，教师要善于通过选择典型例题进行解题示范，不能就题论题，而是要就题论理，这个"理"就是数学思想方法，要从数学思想方法的角度来指导解题教学，为学生做出示范，逐渐培养学生学会用数学思想方法去观察、分析、比较、分类、综合、抽象、概括问题的习惯，还要指导学生运用数学思想方法分析解题思路、把握解题方向、抓住解题本质，以学会思考的方法。

第三，在解题活动中要突出数学思想方法对解题的统摄和指导作用。对于今后可能碰到的一些复杂性、综合性或是生疏题目时会有很大的作用，因为题目是千变万化的，方法却是高度概括精练过的，相信一定有一种或是几种思想方法对解决该类问题提供了一个突破口，由此打开问题的解决途径。加强对解题的指导和训练是数学思想方法教学的又一个重要方面。

第四节　信息技术辅助高中数学课堂教学的方法

一、信息技术辅助高中数学课堂教学的方法——智慧课堂

智慧课堂是一种新型教学课堂，不仅能够促进学生的智慧发展，也能够有助于学生的个性化成长，智慧课堂来自智慧教育，无论智慧教育还是传统的教育，教育的目的都是把

受教育者培养成一定社会和阶级所需要的人。智慧课堂同时也是集智慧教室、电子书包系统、交互式电子白板系统和智能录播系统于一体的综合性课堂。

（一）智慧课堂的三个主系统

1. 电子书包系统

（1）形式丰富的学科资源。电子书包具有丰富的学习和教学功能，电子书的资源库是按照学科年级教材版本等整理好的优质资源，教师备课上课或指导学生自学时可以轻松选用，这样教师再也不用每天花费好几个小时搜索资源。资源的种类有动画、教具、微课、案例、素材多媒体课件理化生实验，最重要的是所有的资源都按照所选择的章节整理好了。同时，还可以给资源评分，也能看到别人的评分，并将评分的高低作为选择资源的意义。

（2）作业练习题的分组推送。利用电子书包可以给单个或若干学生，或者全班学生推送作业或练习题，一键操作省去了抱着一摞作业本分发作业的麻烦，还可以支持个性化教学。

（3）练习题的自动批改和实时反馈主观题。学生可以通过语音上传给教师、教师可以利用电子书包进行评级、写评语等。客观题交给电子书包来批改，省时省力，更可以立刻呈现出学生作答情况的统计结果。同时，用图表告诉教师某个学生的正确率，便于教师及时掌握学生的学习情况，对错误率最高的题进行针对性的讲解，这样教师就再也不用熬夜挑灯改作业。

（4）多种形式的在线讨论教师可以在电子书包的讨论区布置任务、发布讨论主题，学生可以用各种形式参与讨论文字、图片、音频、视频等。教师还能按照学生个人和班级查看讨论情况。上课时教师可以看到学生的参与情况，还可以对学生进行锁定等监控操作，包括形式多样的学科资源作业练习题的分组推送、练习题的自动批改和实时反馈及多种形式的在线讨论，在使用电子书包开展智慧课堂教学时，最重要的是找到合适自己教学的功能，让技术真正为教育学服务。

2. 交互式电子白板系统

交互式电子白板系统是一种教育或会议中的人-机交互设备，交互式电子白板系统还可以看作触控电脑、手写白板、投影设备的结合，交互式电子白板具有灵活的书写及批注功能，荧光笔、毛笔、手势笔等多种类型的手写笔可供选择，教师和学生可拥有流畅的书写体验。（1）强大的对象处理功能。教师上课时可以插入文本、图片、音频、视频等资源，并且可以轻松地在交互式电子白板上进行截屏等编辑。交互式电子白板还完美地支持教师习惯用的 word、ppt 等文件格式。（2）丰富的学科资源及工具。交互式电子白板系统内涵丰富的学科资源及工具，可以夯实学科基础，与平板电脑结合起来使用，增加教师和学生之间的交互教与学。

交互式电子白板系统虽然是智慧课堂的三大系统之一，但有些地区由于条件所限并不具备电子书包系统和智能录播系统于一体的智慧课堂环境。可能班级里只有交互式电子白板，但这并不影响数学课堂上使用电子白板。目前使用较多的有西沃白板和鸿合白板，这两种白板都自带许多交互式的教学课件和动态视频，将教师找辅助教学资源的时间节省了出来，提高了教师的备课效率。

3. 智能录播系统

智能录播系统是将智慧课堂中的视频信号、音频信号及教师电脑的信号同步录制生成课堂实录的系统，其中输入部分要用到摄像机定位、分析仪采集视频和话筒，视频编辑和输出部分要用跟踪导播于一体的智能录播机器。教师可以用录制得到的精品课进行校内外的教研交流远程交互教学及作为学生自学的资源。

（二）智慧课堂对数学教学的影响

1. 教学模式的改变。通过借助智慧课堂教学模式也会相应地改变，从传统的讲授式教学慢慢转变为智慧课堂个性化教学模式、混合教学模式、生成教学模式、探究教学模式等多样化的模式。教师还应根据实际情况来选取具体模式，但也不能忽视讲授模式的重要性。

2. 师生角色的改变。传统课堂大多是课前教师布置预习，课堂上教师在一直讲学生在一直听，课下教师留作业、学生来完成作业，教师批改作业后针对错题再次由教师讲解、学生听讲，整个学习周期下来一直是教师在主导教学的进程，学生是一个被动完成任务的过程。然而有智慧课堂加入的高中数学课堂，让学生变成学习的主体，教师从主导变成了引导，引导学生如何自主学习，让学生自己掌握学习进度。智慧课堂里的电子白板除了优秀的课件和备课资源外，在课堂活动界面里还有很多比拼的闯关小游戏、画廊分类活动、连线翻翻卡及思维导图等，不仅丰富了教学内容，锻炼了学生的思维方式，还能活跃课堂气氛，提升了学生学习数学的兴趣。

二、信息技术辅助高中数学课堂教学的方法——GeoGebra 动态几何画板

GeoGebra 是一个集几何代数与微积分为一体的动态几何画板，包含了几何代数表格图

形统计和微积分，是专为教与学的动态数学软件。GeoGebra 动态几何画板的特点主要有以下三方面：

第一，开源免费、实用性强。GeoGebra 动态几何画板是一个开源完全免费的、动态的超级几何画板，对于教师而言，它可以用来进行得数学出题出卷，如函数图、几何图、立体图、统计图等。使用 GeoGebra 不仅画得标准而且简单方便，上课需要动态演示数学变化过程，甚至要自动演算或证明。课堂的教学演示课后作业使得教学过程更直观生动并富有启发性，让学生印象深刻，其动态功能可以为学生提供探索式学习的课件。

第二，功能多样，运行环境多样。GeoGebra 适用 iOS、Android、Windows、Mac、Chromebook 和 Linux 的免费离线应用，运行环境多样。网页版在各种浏览器都可以直接使用，不用安装软件，电脑版下载后可以不用联网就可使用，手机版的可以随时随地地使用。例如，图形计算器可以绘制函数、研究方程、展示数据。3D 计算器能够绘制 3D 函数、曲面及几何体，还有免费的几何工具构造圆、角及变换；CAS 计算器可以用来解方程、展开和分解因式，求导数和积分。经典 5.0 和 6.0 除了上述功能外，还有表格概率统计等功能，5.0 版本比 6.0 版本的菜单工具栏、输入框方便，方便汉字输入和鼠标操作。

第三，动态展示，交互性强。GeoGebra 动态几何画板能做出演示性的数学课件，动态展示圆锥与圆锥曲线，通过一个平面截圆锥而得到曲线。这种 3D 动态的展示让学生更容易理解、加深印象，这也是教师语言表述不出来的东西。GeoGebra 动态几何画板能做出启发性、交互性、探索性的课件，还能做一些游戏性的课件，以提高整合数学及信息技术的能力。

如果学生能够自己动手参与到数学教学活动中，亲自使用动态几何画板画出函数图像，在动手动脑、眼看心想这样的过程中不仅有助于帮助学生更好地学习数学知识，还能激发学生的学习热情，GeoGebra 动态几何画板会直接呈现所输入的函数，并能多次输入，实现学生与教学软件的互动，更是学生与数学知识的互动。

GeoGebra 动态几何画板在数学教学方面还有很多其他功能，它是真正的一款教与学的实用工具，不仅可以辅助教师的教学、备课，还能辅助学生掌握信息技术和不易理解的抽象数学概念，由于其比较容易操作，学生也可以在手机或平板上自己使用，特别是一些不会做的练习题，也可以放在 GeoGebra 软件上，集合图像与代数关系直接展示出来且一目了然，让学生更容易理解数学也不再是一门枯燥的学科。

三、信息技术辅助高中数学课堂教学的方法——线上实时教学

随着技术和基础设施的进一步演进，教育突破了空间的桎梏。线上实时教学成了教师可选择的一大方案，各种功能、各类用途的平台也在不断地发展，无论教师授课合作学习

还是个性化辅导都已经绕不开"直播"这种方式了，像平时的远程视频会议、网络直播课都属于线上实施教学的实现形式。

线上实时教学是实时、同步的网络互动课堂，是指通过虚拟教室与许多用户互联，让参与者身处不同的地方，但可以同时参与上课。虚拟教室也被称为虚拟学习环境，是通过计算机应用程序所促成的在线教室环境，参与者可以在其中交流共享资料，依托里面的各种工具参与教学互动。无论常见的 QQ 群或微信群，还是专门的视频会议软件都属于广义上的虚拟教室，相比面授，课堂线上实时教学的可获得性逐渐增强。

线上实时教学的特点主要有以下三方面：

第一，教师和学生都能够获得延伸的教学机会。线上实时教学突破了空间的限制，身处异地的教师和学生无须受制于交通和空间，可以在同一个虚拟教室。教师也可以将线上实时教学作为工作时间的一种形式，在课后进行答疑解惑，从而降低了师生交流的成本、拓展了教学边界。线上实时教学也意味着可以获得丰富的学习知识，和面授课堂一样，教师也可以在虚拟教室中同步分享 PPT、文档、音视频等各类学习资料给学生，有些虚拟教室平台还配备了专门的学科工具，比如数学工具，即时字典、动词情态表等以供随时调取，而且很多软件都支持云端保存这些资料，以便将来的课程中可以随时查看。相比面授，课程线上实时课程支持录制和回看，极大地拓展了教学资源的形式和容量。

第二，线上实时教学的另一个特点就是全面同步。在面授课堂中教师可以通过肢体语言走近学生，通过眼神、音调等来进行课堂管理。在全面同步的虚拟教室中，教师和学生也可以像面授课堂一样及时交互，整个教学过程教师都是可控的，如可以用文本工具、绘图工具、奖励工具来标注重点，鼓励小组使用协作工具进行协作，教师可以控制学生的摄像头和麦克风的开关，邀请学生来发言以调整课堂节奏等。

第三，线上实时教学与面授教学、异步教学的区别与联系。传统面授课堂中有投影仪或黑板、白板，我们也习惯于这样的教学方式，不需要额外去解释学生该如何参与、如何行动、如何学习，学生可以自在地提问和讨论，就可以比较顺利形成探究共同体，师生之间也可以进行眼神和肢体动作的交流。但面授教学成本较高，安排教室或邀请专家出席，参与者需要全部亲临现场，都会产生比较高的时空成本。

线上异步教学是以 MOOC 等大规模在线教学课程为代表的异步教学方式，可以让学习者根据自己的节奏管理自己的学习进程。缺点是这种完全自主的学习方式大多没有截止日期和要求上交的内容，即使有要求但是不交作业、不参加考试甚至辍学的成本非常低，如果学生遇到问题也不能及时地去问教师，导致学生容易缺乏继续学习下去的动力而难以坚持。

线上实时教学通过虚拟教室借助语音、视频、互联交互式白板等一些功能，师生之间可以及时传达信息，不同背景、不同情况的人可以同时参与课堂且不受地点的限制。相比面授课堂，线上实时教学的师生不再需要聚到一个地方，这样就摆脱了地理的限制和相关成本。与线上异步教学相比，在线上实时教学中的学生可以获得更加丰富的交互体验和更强的社会临场感。

四、信息技术辅助高中数学课堂教学的方法——混合式教学

（一）混合式教学的特征

从目前来看，翻转课堂教学模式是混合教学的最佳模式，但不能说是混合教学的唯一模式；翻转课堂教学模式是狭义的混合，强调狭义就是要把混合限制在"线上+线下"两种教学手段的组合上，而不是其他方面的混合，因为当前有人把不同教学模式、不同教学方法、不同教学手段甚至不同教学理念的混合式都界定为混合式教学。由此可见，从外在表示形式上看，混合教学是一种线上和线下的教学；从内涵特征上看，混合式教学是以深度学习为教学目标，以个性化适应的教学时空创造为基本途径，以丰富的线上教学资源为基础和前提，以灵活多样的线下学习活动为拓展延伸的载体，以质、量结合的评估为教学进程决策手段的一种新型的信息化教学。

从教学的视角谈教学目标的达成来看，在传统教学中我们主要使用了师生面对面讲授式教学。这种教学方式对于实现初级认知目标是有益的，对于高级认知目标的达成方面就有些先天不足，因为让学习者自己探索所有学科的基础知识和基本原理而言，直接教学在当前的教学环境中是一个非常好的教学选择，有意义地接受学习表现在教学方法上就是讲授式教学。讲授式教学不仅没有过时，而且还会在当前信息化教学环境中焕发出新的光彩。混合式教学是把初级认知目标的达成放到线上完成，让学生通过自主在线学习教师讲授的视频或者指导材料教师根据自身的实际情况安排学习节奏，保证让大部分的学生都可以对基本知识达到掌握水平，从而带着坚实的基础来到教室。与教师和学生一起通过案例分析作品创作、角色扮演、调查研究等多样化的教学活动，实现对所学知识的融会贯通，灵活运用进而达到高级认知目标。从学习角度来看，混合教学的价值取向为引导学生由浅层学习有序提升为深度学习。

（二）混合式教学的策略

实施教学互动有以下四条策略：①及时互动。经常性地开展互动，及时获取教学状态信息，进而调整教学走向。②指向性策略。不要漫无目地开展互动，每一个互动都有明确的目标，互动的所有手段都是奔着目标的实现。③深刻。让互动超越具体的形式，真正发

生在认知层面，从而保证互动的效果。④多样。综合采用提问、讨论、辩论、调查、测试等互动的形式，增加互动的趣味性和实用性。但有一点需要注意，虽有讨论辩论调查测试，但对教学目标的实现没有建设性；虽有讨论、但研讨问题过于结构化开放性不足，不适合作为讨论选题，这都不是真正的互动。

（三）混合式教学的模式

1. 以面授为主的混合式教学

例如，对分课堂和雨课堂是以面授为主的混合式教学，它们的共同特点是以面对面教学为主要的教学方式，在教学过程中都是用到了在线教学管理软件系统。对分课堂的形式有两种，即隔堂对分和当堂对分。隔堂对分教学最核心的特点就是隔堂讨论，其有五个环节，即讲授，独立思考，独立做作业，然后小组讨论，最后全班交流。当堂对分是说在一堂课或一次课上完整实施五个环节，当对方课堂中运用到对分易教学平台的时候，就变成了信息化的对分课堂。借助对分易可以方便地开展课堂分组、运用在线测试，实时开展课堂反馈，随时实现作业批阅，通过微信及时互动等丰富有效的教学活动。因此，这种模式可以看作一种比较初级的混合式教学模式。

雨课堂是清华大学在线教育办公室和学堂在线一起开发的一种智慧类教学工具，它让教和学更加了然，基于课堂智慧教学软件，虽然教学的基本流程和传统教学完全相同，但是在执行这些教学流程的过程中是通过雨课堂软件提供的教学反馈数据来进行的，这种数据驱动的教学让时效性更强，这种模式可以被看作一种比较初级的混合式教学。目前有很多类似功能的信息化教学小软件或者小平台，都可以实现上述的考勤分组、在线视频学习在线作业、在线测试和反馈等，如蓝墨云班课、课堂派等，这些轻量级的软件或者平台可以非常方便地帮助教师启动混合式教学实践。

2. 翻转课堂混合式教学概念

翻转课堂就是把传统课堂教学的讲授和练习两个环节进行了对调，在传统教学中，教师在课堂上都要讲解教学内容，然后把练习提升的环节作为课堂外的作业来完成，在翻转课堂中把这两个环节进行了对调，变成了在课堂之外完成对教学内容的学习。在课堂内通过合作、探究等练习和提升，表面上看这是两种教学活动的对调，但本质上却有着大不同。翻转就在很大程度上解决了班级授课组的形势下的个性化适应的问题，而且还有效地促进了深度学习的发展。在课外基于教师提供的学习资源的自主学习环境，拓展了学习的时间和空间，可以充分适应学生的个性化和个别化，在课内完成练习和提升的过程中又有同学和教师的帮助和指导，从而有效地提供了学习的深度。

翻转课堂不是先学后教，在翻转课堂的课外环境中学生自主学习的依然是教师提供的教学课件。而在课堂面授环节，教师基本不用再进行奖分。翻转课堂不是课前预习加课上的学习或者教学。有一部分研究者认为课前布置一些学习任务，在课堂上通过合作探究的形式开展学习就是发展课堂了，这同样是一种误解。因为这里的课前部分相当于传统教学中的预习环节，只不过课上不是继续由教师进行讲解，而是由学生合作学习来实现这种做法，直接忽略掉了教师讲的，还进一步降低了教师的主导作用。这实际上是走向了另一个极端，一方面，这种安排对学生的要求较高，需要学生具有很强的自主性和丰富的学习基础；另一方面，这种安排从本质上看是基于主题的研究性学习，如果课程不是以知识目标为主，而是以提升学习的研究能力为主，无论如何这种做法都不能实现翻转课堂的目标。

翻转课堂的面授环节经常会设计丰富多样的展映活动，如提问头脑风暴、积分测试、交流分享等。但并非在这些过程中采用了这些教学活动，就可以称为翻转课堂或者部分翻转，其实部分翻转是一个伪概念，翻转就是翻转，翻转是把一个整体进行发展，不存在整体的一个局部进行翻转的情况，除非部分翻转指代的只是对于课程部分章节内容采用了翻转课堂的教学模式。

（四）混合式教学设计与评价

1. 混合式教学设计

混合学习的设计分为面向课堂的混合学习设计、面向课程的混合学习设计、面向专业的混合学习设计和面向人才培养的混合学习设计。不管面向哪种类型的混合学习设计，主要的设计框架通常都分为四个步骤：①明确混合学习的教学目标，分析学生特征；②构建技术支持的混合学习环境，设计、开发、应用混合学习的教学资源；③设计混合学习中的教学活动，包括线上活动和面对面的线下活动；④实施混合学习的教学评价，包括传统教学评价和在线教学评价。

2. 混合式教学评价

"Flash 动画制作"是非计算机专业中广泛开设的一门公共基础课程，实践操作性很强。下面以"Flash 动画制作"课程为例，探讨混合式教学评价体系的构建。

（1）评价体系构建。"Flash 动画制作"总的教学目标是使学生能够设计具有一定水平的平面动画作品。根据课程目标，结合混合式学习方式，确定从三个维度进行多元评价，即效果、能力和情感，具体见表4-1。

表 4-1　Flash 动画制作评价体系

评价元素	评价指标	评价内容	评价主体
效果	学习成果	平时作业	教师、学生
		小组合作作业	教师、学生
		独立大作业	教师、学生
		期末测试	教师
能力	交流协作	提问答疑次数，发言次数，参与讨论次数	教师
	信息处理	获取、分析、整合和应用信息的能力：在网上下载相关的有效学习资源，对信息进行分析，整合并提出不明白的问题	教师
	创新	对创新作业、小组合作作业的自评和他评	教师、学生
		能否对交流中的信息做出判断和反思	教师
		能否将创意和知识点融入自身的作品中	教师
	方法	学习媒体的利用数量交流方式，采取数量学习方法的应用数量	教师、学生
情感	态度	登录学习次数，在线学习时间、学习计划、作业是否按时提交、提问交流的次数，回复率资源上传、下载的次数	教师

（2）量规与权重。量规是评价者制定的评价内容及标准，一般由教师来制定，学生可提出参考性意见。在评价中应用量规，可使评价更有目的和一致性。比如学生的独立大作业的评价量规中，动画的播放时间、制作技巧、画面美观且布局合理、设计有创意、内容完整五项内容的分数分别占 20%。

（3）评价方法。一是定量和定性相结合。在评价过程中，知识和某些能力的考核可以采用定量评价，而创新等某些能力的发展可以采用定性分析。二是过程性评价和终结性评价相结合。学习效果的评价属于终结性评价，能力和情感的评价属于过程性评价。三是评价主体多样化。在评价过程中，有教师评价，还有学生自评和互评，以此保证评价的客观和公平性。

（五）混合式数学课堂教学的意义

第一，有利于教学资源整合。混合式学习模式是将传统学习方式与网络学习方式中的优势进行了整合，使学生既可以接受教师的指导和监督，又可以自主去进行知识的探究与学习，使学生学习的积极性和主动性得到了提升。教师运用混合式学习模式去进行数学知识的教学，会把传统数学教学中的优势与网络化教学的优势进行结合，使学生进一步对数学知识进行理解和记忆，做到了数学教学资源的整合，提高了数学课堂教学的效率第二，有利于提升学生的学习地位。混合式学习模式引导学生去进行课前预习、课上认真听讲和课后主动复习，使学生的学习积极性和主动性得到了提升，培养了学生养成良好的学习习惯。它将数学教学的课前、课中和课后进行了无缝衔接，使每一个教学环节都可以带来新的教学方式和教学内容，为学生呈现出与传统课堂不同的教学模式，既满足了新课程标准对于数学教学的要求，也满足了学生对于数学知识学习的需求。

第三，有利于减轻教师的教学压力。混合式学习模式强调学生学习的积极性和主动性，激发了学生对于数学知识的学习兴趣，使学生可以在教师的引导下主动探求数学知识，提高了学生的学习效率。教师运用混合式学习模式进行数学知识的教学，可以调动学生的数学思维，使学生的数学思维和数学素养得到提升，并且学生会根据教师的引导去探索数学知识，减轻了教师的备课和授课压力。

第四，有利于改善教学环境。传统的数学教学主要以教师的单向讲述为主，教学环境较为枯燥，学生在这种教学环境下的学习积极性和知识探究性不高。教师把混合式学习模式应用到数学课堂教学中，改变了传统的教学模式，运用了新式的教学工具，使得学生对于数学知识的学习兴趣得到了提升，在课堂上营造了轻松愉快的教学环境，使学生可以在轻松愉快的教学环境下进行知识的探究和学习。

第五章

教育信息技术与高中数学课堂教学的创新模式

第一节　信息化教学设计及其开发模式

一、信息化教学设计

信息化教学设计是充分利用现代信息技术和信息资源，科学安排教学过程的各个环节和要素，为学习者提供良好的信息化学习条件，实现教学过程最优化的系统方法。其目的在于培养学生的信息素养、创新精神和综合能力，从而增强学生的学习能力，提高他们的学业成绩。

（一）信息化教学设计的原则

信息化教学设计的理论基础是建构主义，建构主义指导教学设计的主要观点概括为：在整个教学过程中以学生为中心，教师起组织者、指导者、帮助者和促进者的作用，利用情境、协作、会话等学习要素，充分发挥学习者的主动性、积极性和首创精神，使学习者有效地实现对所学知识的意义建构。"信息化教学设计要求教师在教学中培养学生的高级思维能力，激励学生主动探究，激发学生在教学活动中思考所学的内容"①。

信息化教学设计是以信息技术为支持的，但"信息技术的支持"仅仅是信息化教学设计的表面特征。它还有两个更为重要的、更为根本的特征，即以学生为中心，关注学生的培养；关注学习过程。这两大特征渗透到学习过程的各个要素中，形成了更加具有指导意义的设计原则。

第一，注重情境的创设与转换。信息化教学设计应该注重情境的创设，使学生经历与

---

① 梁玉清，李妍，刘亚军，等. 现代教育信息技术 ［M］合肥：安徽大学出版社，2007：138.

实际环境相类似的认知体验，同时注重情境的转换，使学生的知识能够得以自然地迁移与深化。

第二，充分尊重工具和资源的多样性。信息化教学设计注重对信息技术工具和信息资源的使用，这些工具和资源应当同学生主题任务相关，能够帮助学生完成问题的解决，促进学生知识的认知建构。例如，提供给学生与教学问题相关的网络资源、典型案例，对学生的学习进行一定的指导和帮助等，信息技术工具和信息资源在信息化教学设计中具有不可替代的作用。

第三，以"任务驱动"和"问题解决"作为学习和研究活动的主线。该原则有几方面的含义：首先，学习活动的展开通常是围绕某一问题或主题，这些内容通常来自现实学习和生活中的一些具体事例；学习活动具有明确的任务性、目的性，学生知道为何而做，教师的重点放在如何有效地引导学生上；最后，现实中的任务与问题不同于强加给学生的学习目标或现成答案，学生通过对问题和主题的主动探索去体验学习的快乐，培养学习兴趣。

第四，学习结果通常采用灵活的、可视化的方式进行阐述和展现。在学习活动结束时，学生应当对自己的学习结果进行总结和展示，同他人进行讨论和协商，以加深对学习过程的理解和反思，这些内容通常以研究报告、演讲、讨论等形式展开。在这些过程中，教师应当对学生的学习成果进行必要的指导和帮助，帮助学习者更好地将学习成果展示出来。

第五，鼓励合作学习。信息化教学中，学习者通常是以小组或其他协作形式展开学习，在学习过程中互相帮助、共同完成某一项任务目标，实现"问题解决"。每个学习者在中间承担一定的任务，担当一定的角色，学习活动过程成为"学习者身份和意义的双重建构"。学生之间相互协作，共享他人的知识和背景，共同实现组织目标。

第六，强调针对学习过程和学习资源的评价。信息化教学设计是一个连续、动态的过程，在学习过程中教师通过不断地研究和质量评估，收集数据，使用过程性评价以达到改进设计的目的。同时，由于信息化学习资源的种类繁多，为了有效地利用信息化学习资源，也必须对资源进行优化选择。

（二）信息化教学设计的内容

信息化教学设计特别强调以学为中心，是促进学习者创新和综合能力形成的教学模式，包括以下内容：

第一，单元教学计划。单元教学计划具体地描述了教学单元的主题、学习目标、学习活动（教学过程）、学习资源等，其中的学习活动和学习资源在很大程度上是由信息技术支持的，因此这种教学计划可称为信息化教案。

第二，学生电子作品范例。学生电子作品范例给学生提供参考用的电子作品，可以从各种电子信息资源中选取或由教师自行制作。

第三，学生作品评价量表。学生作品评价量表提供了结构化的定量评价标准，从内容、技术、创意等方面详细规定了评价指标。利用这种评价量表来评价学生的电子作品，可操作性强，准确性高，既可以让教师评价，也可以让学生自评或互评。

第四，教学支持材料。教学支持材料是为支持学生有效进行学习活动准备的各类辅助性材料，如软件工具、在线参考资料、参考书目、教师用电子讲稿等。

第五，单元实施方案。单元实施方案包括教学活动的时间安排、学生分组办法、上机时间分配以及征求社会支持的措施等。

二、信息化教学设计的开发模式

信息化教学设计理念和实践的出现是现代教育技术发展的必然趋势，虽然教育信息化从 20 世纪 90 年代才刚刚起步，但教育界在这方面已做了大量的理论和实践探索，并有一些相应的信息化教学设计模式受到人们的认可和应用。这里要探讨的开发模式是从 Intel 未来教育模式中总结出来的比较具有共性的一种，以下简称为典型模式，由于这种模式融合了现代的教学理念、系统的设计方法和信息化的评价手段，体现了信息化教学设计的基本原则，也代表了信息化教学的发展方向，并且具有在不同学科的教学中复制迁移的可能性，因而对这种模式进行认真研究并将其应用于实践是非常有意义的。

（一）信息化教学设计开发的步骤

信息化教学设计开发的过程可以分为以下九个主要步骤：

第一，在设计步骤中，对各步骤的分析和操作通常是按顺时针方向进行的，必要时也可以跳过某些步骤或重新排序。

第二，先由教师对单元的教学目标进行分析，确定学生通过此教学应该达到的水平或获得的能力。

第三，根据单元教学目标，设计真实的任务和有针对性的问题。

第四，根据任务和问题及学生的学习水平来确定提供资源的方式，可以要求学生按照学习目标查找资源，也可以提供现成的资源给学生。如果是按照学习目标查找资源，教师要设计好要求，避免学生无目的地查找；如果是提供现成的资源给学生，教师要寻找相关的资源，并对资源进行认真的评价，确保学生可以得到真实、可靠的信息。如果根据需要去查找资源，教师还要制作相关的资源列表，以方便学生查阅且提高学习效率。

第五，要对整个教学过程进行梳理，使之合理有序，一般情况下应落实成文字呈现的信息化教案。

第六，在教学过程中，如果要求学生以完成电子作品的方式进行学习，教师应事先做出电子作品的范例，当然这个范例是从学生的角度出发，以学生应该达到的制作水平进行设计的。有了教师展示的范例，学生浏览后就会对自己将要完成的任务有一个感性的认识。

第七，评价信息化学习特别是其产生的电子作品时，结构化的评价工具——量表提供了较为科学的方法，对其进行认真设计将提高评价的可操作性和准确性。

第八，对教学的具体实施方案进行设计，包括实施时间表、分组方法、上机时间分配、实施过程中可能用到的软硬件及其他必要准备等。

第九，在教学设计过程中，评价修改是随时进行的，伴随设计过程的始终。

（二）信息化教学设计开发的评价标准

在评价信息化教学设计开发时，主要考虑以下四方面：

第一，技术的应用是否真正有利于提高学生的学习效果。①技术的应用和学生的学习之间是否有明显的联系；②学习目标是否明确，表述是否清楚；③所有的学习目标是否都符合该主题教学大纲的要求；④单元计划是否已经明确，并说明如何变化以适合不同的学习者；⑤应用的技术能否激发学生的兴趣，符合学生的年龄特征，并有利于学生学习及高级思维能力的培养。

第二，技术与教学的整合是否合理。①技术是否是单元计划成功必不可少的一部分；②把计算机作为研究、出版和交流的工具是否对单元计划的实施很有帮助。

第三，单元计划的实施是否简单易行。①单元计划是否可以很容易地进行修改，以便应用到不同的班级；②单元计划是否可以应用到其他班级。

第四，能否有效评价学生的学习。①单元计划中是否包括一些评价工具，用于务实的评价和评估；②学生的学习目标和学习成果评估标准之间是否有明确的关系。

第二节　高中数学教学中的双导双学模式

一、高中数学教学中双导双学教学模式的构建背景

双导双学课堂教学模式研究的提出基于两大背景，一是解决课堂教学中存在的问题，

二是顺应培育学生核心素养的时代要求。随着教育教学改革的深入，教师的教学理念不断更新，但是课堂教学仍然存在诸多弊端；许多问题必须解决。但长期以来没有得到解决或者一直解决不好。

在一些课堂教学中，学生的主体地位还未得到真正的确立，主体作用没能得到充分的发挥。学生的学习主动性差，学习积极性不高，并在学习中依赖教师，这极不利于学生的后续学习和终身持续发展。于是，我们开始了创建"双导双学"教学模式的研究，意在通过课题研究、通过在教学实践中对学生的引导来培养学生独立学习的能力。具体而言，就是达到学生学习某个学科课程无须教师来教，就知道自己该学习哪些内容、采用哪些方法学习、达到怎样的目标等。

在教学实践中，存在两个弊端：一个是许多教师的教学目标意识薄弱，课堂教学没有明确、集中的教学目标，导致教学针对性差，课堂教学仿佛是脚踩西瓜皮，滑到哪里算哪里；二是没有明确的教学目标，造成有的教师在课堂教学中随意性大，觉得这也该教，学生那也该学，因而不断地给自己和学生加码，使得教师教得很累、学生学得很苦且厌教厌学情绪突出。

二、高中数学教学中双导双学教学模式的重要内容

教学模式就是从教学的整体出发，根据教学的规律、原则而归纳提炼出的，包括教学形式和方法在内的，具有典型性、稳定性、易学性的教学形式。从静态来看，教学模式是一种教学结构；从动态来看，它是一种教学程序。教学模式反映教学的共性、规范性，是教学实践的提炼与固化。

"双导"，即教师在课堂教学中充分发挥主导作用，引导学生明确学习目标，在学习目标的引领下指导学生掌握一定的学习方法，达到教学的有效直至高效。在本教学模式的实施中，教师需做两件事：第一，"双导"。导标是指导学生明确学习目标；导法是指导学生掌握学习方法。第二，加强良好习惯的培养，建设优良的班风、学风，对学生进行"核心素养"中"必备品格"的培育。

"双学"，即学生在教师"双导"（导标、导法）的引领下，在课堂中运用相应的学习方法直指目标、充分自主学习、达成目标、学会学习，形成良好的学习习惯。在本教学模式的实施中，学生也需做两件事：第一，"双学"。自主学习，即直指目标、自主学习、达成目标，学会学习，即运用方法、掌握方法、学会学习。第二，形成良好习惯、良好品格，助推学习成功，适度的小组合作学习训练渗透其中。

双导双学课堂教学模式是基于教师"双导"、学生"双学"的课堂教学模式，在课堂教学中充分发挥学生的主动性，通过教师的"导标""导法"，学生通过直指目标的"自

主学习"，从而达到学会；通过掌握学习方法，达到"会学"，从而达到培养学生"学会学习"的学科核心素养的课堂教学模式。

双导双学教学模式以教学目标的达成为主线，以教师引导学生的实践为过程，以学生达成学习目标和学会学习为取向，从而增强课堂教学的针对性、实现学生学习的自主性、落实教师的主导性、提高课堂教学的实效性，保证学生学习能力的培育，使之在未来学习、终身学习中可持续发展。教师"双导"与学生"双学"在教学过程中紧密交融，构成"师—生""生—师""生—生"多元互动的开放系统，形成一个完整的学习网状结构，师生成为一个有效互动的学习共同体。

教师在课堂教学中实施"双导"，学生在课堂学习中实践"双学"，学生充分的自主学习、适当的探究学习和有效的合作学习不仅要达成学习目标，做到"学会"，更要掌握方法，达到"会学"。这就是"双导""双学"教学模式的基本内容。

三、高中数学教学中双导双学教学模式的基本原则

第一，目标指向原则。课堂教学必须以目标为导向，始终指向学习目标，不能游离于目标，更不能偏离目标。换言之，教学全过程的各个教学板块的实施是达成目标的重要组成部分，为达成目标服务。

第二，师生互动原则。"达成目标"和"掌握方法"是本模式的两个关键概念，一要做到"师生"互动，教师把引导目标和指点方法贯穿于学生学习的全过程，学生在充分的学习实践活动中始终瞄准目标学习且运用恰当的方法学习；二要落实"生生"互动，在学生充分自主学习的前提下要组织学生有效地进行合作学习，在交流中互相启发，甚至"生教生"，智慧共享，共同进步。

第三，反馈矫正原则。反馈矫正有两方面的内容：一是本节课的学习内容。学生是否学会、是否达成目标，这要通过多种形式，及时地当堂检测且加以验证，并进行及时的矫正、补救；二是本节课主要的学习方法。学生是否掌握，要做到适时点拨，强化总结。

第四，能力为重原则。教师的最终目标是让学生学会学习。在各学科的教学中，落实让学生"知道学的内容""知道怎么学"而形成学习能力，并把这种能力迁移到课外，在没有教师指点引导的情形下也能自学，逐步实现无须教师教授也能学习的理想境界，是本模式的追求。在实施本教学模式时，一定要做到教师逐步放手。例如，"教师引导学习目标"的环节，开始的一两周教师以引导为主，然后就要注重与学生互动研讨，逐步培养学生能够根据教材特点、教学内容来确定学习目标，选择学习方法的能力。

第五，因材施教原则。所谓因材施教是根据学生的年龄段特点（主要是学生的知识水平与接受能力），既落实上述教学思想、遵循模式框架，又灵活操作。例如，在一课时中

有几个教学目标的，低年级可以在一个目标达成后，再进行第二个目标；高年级则可以在学生按照住目标自学后，再集中检测达标情况。

四、高中数学教学中双导双学教学模式的运用思想

（一）双导双学教学模式的目标作用

教学先要解决方向，即教学目标问题。瞄准教学目标，开启我们的教学之旅，是教学的起点；通过实施教学的各个环节，达成教学目标，是教学的归宿。教学目标的重要性不言而喻，有以下四个作用：

第一，"指挥棒"作用。教学目标是教学活动的"第一要素"，对教学有"指挥棒"作用，指导和支配整个教学活动。教学活动追求哪些目的、要达到怎样的结果都会受到教学目标的指导和制约，教学过程也是围绕教学目标而展开的。如果教学目标正确、合理，就会实施有效的教学，否则就会导致无效的教学。

第二，"控制器"作用。教学目标一经确定，就对教学活动起着"控制器"作用：一是表现为约束教师和学生，让教和学凝聚在一起，完成共同的教学目标；二是表现为总体目标制约各个子目标，如高层次教学目标制约低层次教学目标，低层次教学目标必须与高层次教学目标一致。

第三，"催化剂"作用。教师在制定教学目标时，一定要研究学生的兴趣、动机、意志，在分析非智力因素上给予重视，这样制定教学目标才会对学生产生激励作用，让学生产生要达到学习目标的强烈愿望。

第四，"标杆尺"作用。教学目标作为预先规定的教学结果，自然是测量、检查、评价教学活动的"标杆尺"。教学是包括钻研教材、设计教学、组织实施、反馈评价等环节的系列活动，而评价是其中的重要教学环节，它既是教学活动一个周期的终结，又是下一周期的开始。教学评价主要是检测教学设计时预定的结果是否实现及实现的程度如何，以便获得调整教学的反馈信息。

（二）双导双学教学模式的终极追求

方向问题解决之后，路径与工具又成了教学的主要矛盾。要让学生掌握方法，在以后相似的学习情境中运用方法，这就是"会学"，即学会学习。"会学"较之"学会"层次更高，意义更重大。"学会"是适应性学习，重在接受、积累知识，解决当前问题；学会学习不仅关注学生学会哪些内容，更要关注学生的学习方法，比"学会"更更具有基础性、工具性，有助于其后续学习。"会学"是创新性学习，重在掌握方法，主动探求知识，

目的在于提出新问题、解决新问题。

中国基础教育课程改革提出了六方面的具体目标，即改变五个"过于"，一个"过分"。首要的目标即为改变课程过于注重知识传授的倾向，强调形成积极主动的学习态度，使获得基础知识和基本技能的过程同时成为学会学习和形成正确价值观的过程。这一目标意在解决课程功能、价值取向问题。课程功能的改革强调了要从单纯注重传授知识转变为体现引导学生学会学习、学会生存、学会做人。知识是重要的，专注于知识传授并没有错。但凡事有"度"，不能"过于""过度"。要把握好"度"，就应该了解知识的类型结构。知识分为三种：首先，陈述性知识（讲述事实、结果的知识），解决具体问题；其次，程序性知识（讲述方法、过程的知识），解决怎么做的问题；最后，条件性知识，解决何时做的问题。

五、高中数学教学中双导双学教学模式的操作流程

第一环节：教师"引导学习目标"，学生"明确学习目标"。时间为 5 分钟以内。①辅助环节：或创设情境、或开门见山地引出新课，板书课题。时间为 1 分钟左右。②根据教学内容，师生合作互动，明确学习目标（开始的一两周时间，以教师为主；然后逐步放手，引导学生主动明确目标）。时间为 3 分钟左右。

第二环节：教师"引导学习，点拨方法"，学生"自主学习，运用方法"。时间约 15 分钟。①根据制定的学习目标，教师点拨主要的学习方法。时间为 2 分钟左右。②学生运用方法，开始自主学习。时间为 8 分钟左右。③学生小组合作学习，主要是交流自主学习的成果，然后推选代表全班交流。时间为 5 分钟左右。

第三环节：教师"检测目标，强化方法"，学生"达成目标，掌握方法"。时间约 20 分钟。①教师组织各小组全班交流，进行相机的点拨、更正、完善。时间为 5 分钟左右。②检测达标情况，检测的方式分口头（如数学展示思维过程的口述等）与书面（各种书面作业）。及时反馈，对不达标的知识点、能力点进行补救，对错误之处进行矫正。时间为 12 分钟左右。③学生回顾本节课的学习收获，师生共同总结学习方法。时间为 3 分钟左右。

六、高中数学教学中双导双学教学模式的传承创新

第一，传承——能力培养与教学思想。"双导双学课堂教学模式研究"是对中华人民共和国成立以来各学科教学中注重能力培养的传承，也是对知识和能力、过程和方法的能力培养。可见，培养学生自学能力的极度重要性。

第二，创新—— 培育学生"学会学习"的核心素养。双导双学教学模式的创新之处在

于两方面：第一，在各学科课程的教学实践中，引导学生形成各学科的学习能力——明白学习内容、明确学习目标、掌握学习方法，使得培育学科"学会学习"的关键能力能够落实；第二，操作性很强，各学科的各个教学板块（如数学的概念教学、计算教学和问题解决教学等）怎样实施，不同年段怎样操作，怎样从课内学习向课外拓展延伸等，都有具体的操作策略与方法。

第三节　高中数学教学中的深度教学模式

一、高中数学教学中深度教学的操作框架

深度教学的操作框架可以归纳为一个终极价值、两个前端分析、四个转化设计、四个导学模式。其中，价值导向是深度教学的核心价值，分析、设计与引导是深度教学的三个实践环节，分析与设计之间、设计与引导之间及引导与分析之间则形成双向生成的互动关系。

（一）一个终极价值

一个终极价值是指促进学生的意义建构与持续发展，人是意义的追寻者和存在物，是意义的社会存在物。人在意义中存在，在存在中发展，在发展中不断提升意义。正是意义成为人的存在之本和发展之源。凡是有点深度的教学，都必须立足于学生作为人的这种本质规定性，引导和促进学生的意义建构与持续发展。这是深度教学的核心价值和终极追求。

所谓"意义建构"是指学习者根据自己的经验背景，对外部信息进行主动的选择、加工和处理，从而获得自己的意义，获得基于自身的而非他人灌输的、对事物的理解。"意义"大致包含三种含义：①语言文字或其他符号所表示的内涵和内容；②事物背后所包含的思想和道理；③事物所具有的价值和作用。具体而言，深度教学条件下学生要建构的意义主要包括以下两个层面：

第一，知识层次的意义。知识层次的意义主要涉及知识的产生与来源、事物的本质与规律、学科的思想与方法、知识的关系与结构及知识的作用与价值。

第二，生命层次的意义。人的生命的核心是精神生命，所谓人的生命意义其实就是人的精神意义。这即是说生命层次的意义其实就是学生的精神意义，在教学条件下学生的精神意义主要包括五方面，即需要与兴趣、愿望与理想、意识与思想、情感与精神、价值与

信仰。

（二） 两个前端分析

两个前端分析是指学科教材与学生学情的深度分析，学科教材的分析状况在很大程度上决定着学科教学内容的深度，学生学情的分析状况又在很大程度上影响着学生学习过程的质量。学科教材与学生学情的深度分析是深度教学的两个前提。

学科教材的深度分析主要表现在四方面：①深刻性，即超越学科教材的表层，深刻把握学科教材的本质与内核；②完整性，即超越学科教材的"双基"，能够从多个维度把握学科教材的完整内涵；③反思性，即超越学科教材的具体性知识，领会具体性知识背后的本体性知识；④整体性，即超越学科教材的局部认知，善于从整体上把握学科教材的基本结构。

学生学情的深度分析要从三方面着手：①前理解。深入分析学生的先见、先知和先验，从中定位学生学习的关节点和困难处。②内源性。深入分析学生的兴趣、情感和思维需要，从中定位学生兴趣的引发处、情感的共鸣处和思维的迸发处。③发展区。深入分析学生的最近发展区，从中定位学生学习与发展的层次序列。

（三） 四个转化设计

四个转化设计是指从目标的内容化到活动的串行化，从实质上讲，教学结构其实是学科教材结构和学生心理结构的深层转换，而学生的学习与发展状况其实取决于教学结构的状况。换言之，教学设计必须抓住教学实践中的若干关键转化环节，做好转化设计。基于学科教材和学生学情的深度分析，深度教学需要做好四个转化设计：目标的内容化、内容的问题化、问题的活动化与活动的串行化。

1. 目标的内容化设计

在做好学科教材和学生学情两前端分析之后，教师首先需要做的是深度教学的目标设计。深度教学的目标可以从两个方面着手：①体现终极价值。深度教学的目标设计始终都要将促进学生的意义建构与持续发展作为终极价值追求，其中的关键是确定学生意义建构的内容和程度。②聚焦核心素养。深度教学的目标设计要对着重培养学生的核心素养加以明确地定位。

2. 内容的问题化设计

教学内容在没有与学生发生关联之前，它就是一种外在于学生的客观存在。如果教学内容始终不能与学生发生某种实质性的关联，课堂就不可能产生任何有深度的教学。将外在的教学内容与学生的主观世界沟通起来，其中一种有效的实践方式就是学科问题的设计，即教学内容的问题化。此外，学科问题具有多重深度教学的价值与作用，主要包括三方面：①学科问题是学科与学生的关联器，它能够沟通学科教学内容与学生内心世界之间的联系，从而为学生的深度建构提供认识上的前提；②学科问题是触及学生心灵深处的触发器，它能够不断激发学生的兴趣、情感和思维；③学科问题是促进学生持续建构的维持器，它能够在较大程度上促进学生不断地建构。因此，如何将精选出来的教学内容转化设计成恰当的学科问题，成为深度教学的第二个设计任务。

3. 问题的活动化设计

如果说学科问题是沟通学科教学内容与学生内心世界的关联器，是触及学生心灵深处的触发器，是促进学生持续建构的维持器，那么这三方面的价值和作用最终还需要借助"活动"这个机制才能实现。在这里，问题与活动构成了一种双向建构和相互支持的关系：一方面，问题为活动提供了目标、内容上的依据和动机上的支持；另一方面，活动又为问题的提出与探究提供了平台。不仅如此，活动不仅是教学的基本实现单位，而且还是学生学习与发展的实现机制。在深度教学中，学生正是在问题的导引下，通过"活动"这个平台和机制，不断展开对学科本质和自我意义的建构。"问题—活动"乃是深度教学条件下学生学习与发展的双重心理机制。这意味着如何依据学科问题，科学合理地设计学科学习活动是深度教学实践中教师需要做好的第三个转化设计。

4. 活动的串行化设计

为了引导学生持续的建构，不断地提升学生学习与发展的水平，教师在深度教学实践中需要做好第四个设计，即活动的串行化设计。所谓序列，是按照某种标准而做出的排列。在深度教学中，活动的串行化设计主要遵循四个标准：①顺序性。根据学生的认知特点与思维顺序，考虑活动的先后顺序，做到各种活动的切换自然得体。②主导性。抓住学生学习的关节点和困难处，准确定位学生学习的主导活动，做到关节点和困难处的学习突破。③层次性。根据学生的最近发展区，依次设计不同的学习阶梯，促进学生渐次提升学习与发展的水平。④整合性。根据教学的核心目标，优化组合各种类型的教学活动及其要素，发挥教学对于学生发展的整体效应。

（四）四个导学模式

四个导学模式是指从反思性教学到理解性教学，深度教学的反思性、交融性、层次性与意义性决定了深度教学的四个基本导学模式。①反思性教学是教师引导学生通过间接认识、反向思考和自我反省等认知方式，达到对学科本质的深入把握和对自我的清晰认识；

②对话式教学是教师为了引导学生完整深刻地把握课程文本意义，按照民主平等原则，围绕特定话题（主题或问题）而组织的师生之间、生生之间及师生与文本之间的一种多元交流活动；③阶梯式教学是教师根据学生的最近发展区，借助学习阶梯和支架的设计，不断挑战学生的学习潜能，逐渐提升学生的学习与发展水平；④理解性教学旨在营建一种以意义建构为目的的学习环境，以学生的前理解为基础，引导学生通过多向交流，达到对知识意义与自我意义的真正理解，进而提升自己的生命价值。

作为深度教学的四个基本导学模式，反思性教学、对话式教学、阶梯式教学与理解性教学都是为了促进学生的持久学习，都是以促进学生的意义建构与持续发展作为核心价值和共同目标。四者之间相互联系、相互支持，共同构成深度教学的实践体系。对于深度教学的这四个基本导学模式，教师需要从整体上加以理解，并在实践中加以综合灵活地运用。

深度教学的实现与否取决于教师四方面的实践智慧：①分析力，即学科教材和学生学情的深度分析；②设计力，即目标的内容化、内容的问题化、问题的活动化与活动的串行化设计；③引导力，即反思性教学、对话式教学、阶梯式教学与理解性教学四个导学模式及其策略的运用；④认识力，即对生命与智慧、学科与教材、知识与能力及学习与发展四大课堂原点问题的深入认识。

二、高中数学教学中深度教学的结构模型

作为一种教学形态，深度教学与教学本身的存在状态密切相关，教学的不同存在状态在很大程度上规定了深度教学的内涵和方式。事物都是在一定的关系中存在的，关系的状态规定着事物的存在状态。从分析的角度来说，教学的存在状态可以用其中所涉及的关系状态来加以描述。对于任何学科教学，它在学生和教师互动的背景和框架下都具有以下三种关系状态。

第一，学生与学科的关系状态。学生与学科的关系状态涉及的问题实质是"学科学习何以可能"。作为学生学习的主要载体和对象，学科教学内容与学生心灵世界之间的关系状态用心理学术语说就是学科逻辑顺序与学生心理顺序之间的关系状态，影响着学科教学的存在状态与深度状况。在这里，学生与学科的关系状态又取决于学科教学内容与学生心灵世界的交融状况。当学科教学内容没能进入学生的心灵深处，也没与学生的兴趣、情感和思维发生实质性的联系，连学习都很难真正发生，当然就无法达到深度教学了。

第二，学科与学习的关系状态。学科与学习的关系状态涉及的问题实质是"学习学科的什么"。概括而言，学科是学生学习的对象。但是，学生究竟应该学习学科的哪些，对于这个问题的回答与实践，便构成了学科与学习的关系状态。因此，学科与学习的关系状

态取决于教师对学科的理解方式及其水准，进而影响着教学本身的存在状态与深度状况。在这里，教学的深度状况标志着教师的学科理解水平和学生的学科学习水平。

第三，学生与学习的关系状态。学生与学习的关系状态涉及的问题实质是"持续学习何以可能"。任何教学关心的最基本问题是"学生学习的发生与维持"。综上所述，学习是一个持续的过程，也是一个建构的过程，只有引导学生持续地建构，才接近了学习的本质。反之，这种"学习"既不能让学生产生持续的变化，也难以对学生形成持久而深远的影响，而真正的学习就没有发生。在这里，学生持续建构的过程、方式与状况决定着学生与学习的关系状态，进而又在很大程度上决定着教学的存在状态与深度状况。

需要注意的是学生与学科、学科与学习及学生与学习三种关系及其所有因素在师生互动的背景与框架下，共同构成了学科课堂中的学习共同体。正是这个学习共同体，合力影响着学科教学的存在状态和深度状况，并决定着学生学习与发展的最终状况。换言之，深度教学就是教师引导学生持续建构学科本质，促进学生意义理解和可持续发展的教学。因此，可以将深度教学描述为一个由心灵深处与学科本质的交互融合关系、心灵深处与持续建构的相互支持关系及持续建构与学科本质的相互依存关系三者有机结合而成，共同促进学生意义建构的活动结构。深入分析这个活动结构，可以帮助我们逐步揭示深度教学的基本性质、支持条件和实现机制。

（一）心灵深处与学科本质的交互整合

心灵深处与学科本质的交互整合反映的是深度教学在学生与学科方面的关系状态，这种关系状态受制于三方面的因素：①教师能否把握住学科教材的本质，这反映了教师对学科教材的理解方式及其水准，并在很大程度上是制约学科教学深度的重要源头；②教师能否把握住学生心灵的深处，这反映了教师对学生兴趣、情感和思维的把握状况，并决定着学生在课堂教学中是深度参与还是浅层参与；③教师能否把握住学科教材本质和学生心灵深处的联结处，这规定了学生心灵深处与学科教材本质之间是交互融合还是相互分离。可见，如果教师无力把握住学科教材的本质，不能把握住学生深层的兴趣、情感和思维，教学就只能在表层、粗浅的水平上进行，因为它失去了深度教学的基础和前提。而在学生心灵深处与学科教材本质的关系方面，即使教师把握住了学科教材的本质和学生心灵的深处，但是如果学生心灵深处与学科教材本质相互分离，学科教材就难以进入学生深层的兴趣、情感和思维，学生也难以真正参与到学科本质的深度建构中，从而在很大程度上降低了学生学科学习的深度。

另外，在学生与学科的关系层面，深度教学要求具备三个基本条件：①教师转变自身的学科教材理解方式，提升自身的学科教材理解水准，能够全面、准确地把握学科教材的本质内涵；②教师熟悉学生兴趣、情感和思维的需求及特点，能够走进学生的心灵世界，在学科教材中准确地找到学生兴趣的引发处、情感的共鸣处和思维的迸发处；③教师能够准确地找到学科教材本质与学生兴趣、情感、思维的联结处，并通过问题设计，实现学生心灵深处与学科教材本质的交互融合。

（二）学科本质与持续建构的相互依存

学科本质与持续建构的相互依存反映的是深度教学在学科与学习方面的关系状态。在一定程度上讲，深度教学就是引导学生不断建构学科本质的过程：一方面，学习是一种持续的建构过程，这种持续建构需要指向于学科的本质，以对学科本质的持续建构作为重要目标；另一方面，学科本质的学习需要一个持续的过程，需要一个持续建构的过程，反之才能对学生产生持久的影响，使学生产生持续的变化。正是在这种意义上，学科本质与持续建构的相互依存乃是深度教学的第二个存在状态。

从分析的角度来说，学科与学习的关系状态有三种情况：一是粗浅型。教师既没能把握住学科教材的本质，又没能为学生打开持续建构的学习过程。在这种情况下，无论教学内容还是教学过程，都没有任何深度可言。二是分离型。教师能够把握住学科教材的本质，但又没有为学生打开持续建构的学习过程，或者教师虽然试图为学生打开持续建构的学习过程，但自身对学科本质的把握却不到位。在这种情况下，深度教学只能在一定范围内非常有限地实现。三是依存型。教师既能准确地把握住学科教材的本质，又为学生实际地打开了持续建构学科本质的学习过程。在这种情况下，深度教学能够在一定范围内比较完好地实现。

因此，在学科与学习的关系层面，除了前文已经涉及的教师对学科教材本质内涵的把握之外，深度教学还需要具备一个基本条件，即教师需要认识到学习的持续性与建构性本质，善于设计兼具顺序性与层次性的活动序列，引导学生对学科本质展开持续的建构。

（三）心灵深处与持续建构的相互支持

心灵深处与持续建构的相互支持反映的是深度教学在学生与学习方面的关系状态：一方面，学生对学科本质的持续建构需要触及学生心灵的深处，有赖于学生兴趣、情感和思维的实质性参与；另一方面，学生持续建构学科本质的学习过程又会不断激发学生的兴趣、情感和思维。这里涉及两个问题：①如何激发学生的兴趣、情感和思维，以支持学生的不断建构；②如何设计持续建构的学习活动，以维持学生的兴趣、情感和思维。在实践中，前者有赖于学科问题的精妙设计，后者取决于学习活动的类型、序列与方式。

在学生与学习的关系层面，如果教师既没能激发学生的兴趣、情感和思维，又没能为学生设计持续建构的学习活动，这样的教学注定是没有多少深度的。如果教师激发出了学生的兴趣、情感和思维，但没有为学生设计持续建构的学习活动；或者教师为学生设计了持续建构的学习活动，但没有能够激发出学生的兴趣、情感和思维，而且这里的教学只能是在一定范围内具有比较有限的深度。只有当教师既激发出了学生的兴趣、情感和思维，又设计出了持续建构的学习活动以维持学生的兴趣、情感和思维，这样的教学才具有比较完好的深度。不管是学生兴趣、情感和思维的激发，还是促进学生持续建构的学习活动序列设计，其中都有赖于教师的引导。显然，在学生与学习的关系层面，深度教学需要具备两个基本条件：①基于学科问题的学习活动序列设计；②促进学生持续建构的学习引导。

学生心灵深处与学科教材本质的交互融合、学生持续建构与学科教材本质的相互依存及学生心灵深处与学生持续建构的相互支持是深度教学的三重前提条件，归纳起来深度教学的实现必须满足五个基本条件：①全面、准确地分析和把握学科教材的本质；②依托学科教材准确地定位学生兴趣的引发处、情感的共鸣处和思维的迸发处；③设计出既能触及学生兴趣、情感和思维深处，体现学科教材本质，又能有效沟通这两者联系的学科问题；④设计出既能促进学生持续建构学科教材本质，又能激发学生兴趣、情感和思维的活动序列，其实质是基于学科问题的学习活动序列设计；⑤借助学科问题的设计和学习支持的提供，引导学生不断地建构学科本质和理解意义。

三、高中数学教学中深度教学的模式创新

深入学科教材的本质、触及学生的心灵深处、促进学生的持续建构和引导学生的意义建构乃是深度教学实践的四个基本方向，深入学科教材本质的反思性教学、触及学生心灵深处的对话式教学、促进学生持续建构的阶梯式教学和引导学生建构意义的理解性教学则是深度教学的四个基本模式。

（一）反思性教学

深度教学是引导学生深度建构学科教材的本质，唯有通过反思，学生才能真正把握学科教材的本质。这就是深度教学的第一个教学模式，即深入学科教材本质的反思性教学。

1. 反思性教学的要素

在中学，虽然教师都主要承担的是某一个学科的教学，但很多教师又常常将自己的任务理解为教材。其结果是学生只是学了几本教材，却没能真正认识这门学科；学生只是学到了某些粗浅的教材知识，却很少把握该门学科的精髓。长期以来，学生自然难以发展出良好的学科核心素养。改变这种状况的前提就是转变我们的教材观念，即教师的教学任务不是教材，而是用教材教授，教师用教材来教学生学习学科。鉴于学生学习时间和精力的

有限性，教师的任务主要是用教材来引导学生把握学科的本质，其原因就是为了更好地解决时下人们普遍关注的话题——培育学生的学科核心素养。

不管是引导学生把握学科的本质，还是培育学生的学科核心素养，首先是引导学生借助教材来学习学科，简单而言就是要引导学生着重从学科的以下五要素来展开学习：

（1）对象—问题。所有学科都有自己特定的研究对象和研究问题。例如，物理学主要研究物质世界最基本的结构、最普遍的相互作用和最一般的运动规律，数学主要研究现实世界的数量关系和空间形式。而在各门学科内部的不同领域，又涉及具体的研究对象和研究问题。

（2）概念—理论。所有学科都有自己特定的概念系统与理论体系，具体表现为学科中的概念、原理、结构和模型等概念性知识。

（3）方法—思想。所有学科都蕴含有经典的思想方法，包括哲理性的思想方法、一般性的思想方法与具体性的思想方法。

（4）意义—价值。所有学科都有自己独特的意义与价值，具体表现为学科知识的作用与价值及学科知识所蕴含的情感、态度与价值观。

（5）经验—话语。所有学科都有自己特定的经验形式与话语体系。对于中学生而言，就是要掌握不同学科的基本活动经验、问题表征方式和语言表达特点。

2. 反思性教学的目标

从教学目标而言，深入学科教材本质的反思性教学旨在培育学生的学科核心素养。学科核心素养特指那些具有奠基性、普遍性与整合性的学科素养。其中，具有奠基性的学科素养是指那些不可替代和不可缺失，甚至是不可弥补的学科素养，如学科学习兴趣、学科思想方法等；具有普遍性的学科素养是指超越各个学科并贯穿于各个学科的学科素养，如思维品质、知识建构能力等；具有整合性的学科素养是指对那些更为具体的学科素养起着统摄和凝聚作用的学科素养，如语文学科中的审美鉴赏与创造力素养统整了审美意识、审美情趣、鉴赏能力和创意表达等语文学科素养。

从分析的意义上讲，学科核心素养的基本结构可以归纳为"四个层面"与"一个核心"。"四个层面"分别包括：①本源层，即对学生的学科学习最具有本源和发起意义的那些素养，主要表现为学科学习兴趣；②建构层，即学生在学科学习中所具有的知识建构能力，主要表现为发现知识、理解知识和构造知识的能力；③运用层，即学生运用学科知识解决问题的能力，集中表现为实践能力与创新能力；④整合层，即学生在长期的学科学习中通过领悟、反思和总结，逐渐形成起来的具有广泛迁移作用的思想方法与价值精神。"一个核心"是指学科思维。正是依靠学科思维的统摄和整合，学科核心素养的所有四个层面及其各个要素才形成了有机的整体。

此外，有四个因素与学科核心素养的发展密切相关：①学科活动经验；②学科知识建构；③学科思想方法；④学科思维模式。其中，学科活动经验是学科核心素养发展的重要基础。离开学科活动经验，学科核心素养的发展便成为无源之水。知识建构能力不仅是影响学科核心素养发展的重要影响因素，而且它本身就是学科核心素养的组成部分。作为学科的精髓与灵魂，学科思想方法在一定程度上决定着学科核心素养的发展状况。学科思维模式是特定学科的从业者和学习者在分析问题与解决问题时普遍采用的思维框架和思维方式，它在学科核心素养发展中起着决定和整合的作用。

3. 反思性教学的方向

在教育意义上，"学科"是指教学科目。在学科课堂中，教师的直接任务是引导学生学习学科。引导学生学习学科是引导学生学到学科中最有价值的知识。而在深度教学的视域中，其实质是要引导学生把握学科的本质，对于这个问题，可以从两方面加以思考：①研究对象。学科的研究对象决定着学科的本质，不同的学科有着不同的研究对象，不同学科的各个分支也有不同的研究对象，不同学科的不同研究对象决定了不同学科的研究过程、研究方法和研究结果的不同。具体而言，学科的研究对象就是学科的独特研究问题，因此独特的研究问题决定着学科的本质。②存在形态。学科的存在形态决定着学科的本质。任何学科都具有三个基本存在形态，即知识形态、活动形态与组织形态。学科的知识形态主要表现为学科的核心知识，包括核心的概念、原理和理论等。学科的活动形态主要是指学科研究者发现知识和解决问题的活动样态，具体表现为学科的研究方法与研究手段。学科的组织形态主要是指学科知识的组织系统，常常表现为学科的基本结构。

从操作的意义上来看，教师可以着重从五方面引导学生把握学科教材的本质：①知识的产生与来源，即引导学生理解知识的前因后果；②事物的本质与规律，即引导学生透过现象把握事物的本质特征与普遍规律；③学科的方法与思想，即引导学生领悟学科专家发现知识和解决问题的思想方法；④知识的关系与结构，即引导学生把握知识的三重关系，包括前后知识之间的顺序关系、左右知识之间的并列关系和上下知识之间的层次关系；⑤知识的作用与价值，即引导学生理解知识的功能、作用及知识背后所蕴含的情感、态度与价值观。

4. 反思性教学的环节

反思总是去寻求那些固定的、长住的、自身规定的、统摄特殊的普遍原则。这种普遍原则就是事物本质的真理，不是感官所能把握的，这意味着作为主体对自身经验进行反复思考以求把握其实质的思维活动，反思是引导学生把握学科教材本质的核心环节。

在汉语语境中，一般将反思理解为对自己的过去进行再思考以总结经验和吸取教训。在教学条件下，人们常常谈论的"反思性教学""反思性学习"都是将"反思"理解为经验的改造和优化。从源头上来看，"反思"乃是一个外来词，为近代西方哲学尤其是黑格尔哲学所常用。实际上，具有真正哲学意义的反思概念是随着近代西方哲学的发展而得以确立和清晰起来的。归纳起来，西方哲学中的反思概念大致包含以下五层含义：

（1）反思是一种纯粹思维。反思是一种纯粹的思维，即纯思。换言之，反思是一种以思想本身为对象和内容的思考，是对既有思想成果的思考，是关于思想的思想。

（2）反思是一种本质思维。反思是对自身本质的把握，这是反思的最重要含义。任何反思都是力求通过现象把握本质，通过个别把握一般，通过有限把握无限，通过变化把握恒常，通过局部把握整体。

（3）反思是一种事后思维。反思一般而言，首先包含了哲学的原则，哲学的认识方式只是一种反思，意指跟随在事实后面的反复思考。可见，反思是一种事后和向后的思索与思考。

（4）反思是一种批判思维。"反思"一词含有反省、内省之意，是一种贯穿和体现批判精神的批判性思考。换言之，反思不仅内含批判精神，而且是批判的必要前提。简单而言，批判就是把思想、结论作为问题予以追究和审讯的思考方式。

（5）反思是一种辩证思维。真正彻底的反思思维不仅是纯粹思维、事后思维、本质思维和批判思维，而且必须是辩证思维。因为只有辩证思维，才是达到真正必然性知识的反思。

回到教学领域，我们可以从五个维度来理解学生的反思：①反思的目的。反思不是简单的回忆、回顾，其目的主要是把握学科本质，进而不断优化和改进自身的知识结构、思维模式与经验体系。②反思的方向。作为事后思维，反思一定是向后面的思维、返回去的思维，也是学生对自己已有思考过程及其结果的反复思考。③反思的对象。学生反思的对象不是实际的事物和活动，也不是直观的感性经验。反思是学生对自己思考的思考，也是学生对自己已获取知识的思考，还是学生对自己已获得知识的前提与根据、逻辑与方法、意义与价值等方面的思考。④反思的方式。反思的本质含义决定了反思的基本方式是反省思维、本质思维、批判思维与辩证思维。⑤反思的层次。反思不是初思，而是再思、三思、反复思考。如果说初思有可能还停留于感性的认知水平，那么反思则是通过反复思考达到了理性的认水平。

5. 反思性教学的模式

引导学生把握学科本质的教学模式是反思性教学，这里的反思性教学不是教师发展意义上的反思性教学，而是学生发展意义上的反思性教学。简单地讲，学生发展意义上的反思性教学是指学生在教师引导下通过反思思维，把握学科教材本质进而优化和改造自身知识结构、思维模式与经验体系的教学形态。教师要从目标、内容、过程、方式与水平五个维度，确立反思性教学的基本实践框架。

（1）反思性教学的目标，即把握学科本质。反思性教学的目标是引导学生透过现象来把握本质、透过局部来把握整体、透过事实来把握意义。换言之，反思性教学就是引导学生把握学科教材的本质和学科知识的意义。

（2）反思性教学的内容，即知识的过程、方法与结果。这种教学模式是让学生学会对自己的知识进行理解和不断反思。反思性教学涵盖了三方面的内容：一是对学到的知识看作一种过程进行反思，主要是学生要学会在获取知识的过程中进行反思；二是将所学的知识看作一种结论进行反思，其中包括逻辑思维和行为方法、价值观念等方面；三是将所学的知识看成一个问题进行反思，让学生学会质疑和批判。

（3）反思性教学的方式包括了四个不同的思维方式，即反省思维、本质思维、批评思维和辩证思维，这四种思维模式循序渐进地引导学生，从而达到反思性教学的目的。反省思维其实就是让学生在学习的过程中找到一些办法，并对这些方法进行反省，从而得出一些心得体会，最终提高学习效率。本质思维就是教会学生通过现象看清事物的本质。在实践中，教师首先应该将知识的缘由作为重点；其次是事物的本质、学习学科的方法、各学科之间的知识联系等，让学生看到学科的本质和知识核心，最终能让学生真正地掌握知识。批评思维就是让学生敢于质疑，这样一来能让学生具有一定的批评精神，从而激发出内心的创新精神。辩证思维的出发点就是整体与发展的观点，学生要学会用这一观点来看待问题，能看到事物的发展性，也能看出事物的对立性；辩证地看待事物，既能看到好的方面，也能看到不好的方面。

（4）反思性教学的经过，即从矛盾到重建。在实践中，反思性教学会创造问题的环境，从而给学生造成疑惑的感觉，这样会有认知的矛盾，所以学生就会努力去做到知识平衡，最后回归到教材，重建自己的知识结构。

（5）反思性教学的水平，即从回顾到批判。根据学生反思的水平，可以将反思性教学区分为回顾、归纳、追究与批判四个层次。其中，在回顾水平上，反思性教学只是引导学生对自己知识的过程、方法与结果进行回忆。这种水平的反思性教学在实践中比较多见，一个典型的表现就是教师只是让学生对自己学习的得失进行反思。在归纳水平上，反思性教学引导学生对先前知识的过程、方法与结果进行梳理与归纳，但此时的知识还主要停留于经验水平和概念水平。在追究水平上，反思性教学引导学生对知识的产生与来源、事物的本质与规律、学科的方法与思想、知识的作用与价值等方面进行反复地探求与追寻。在批判水平上，反思性教学引导学生将自己已获得的知识作为问题加以质疑和拷问，其着眼点在于提升学生的问题意识、批判精神与创新能力。

（二）对话式教学

对话式教学能够触及学生心灵的深处，这就是深度教学的第二个教学模式，即触及学生心灵深处的对话式教学。

1. 对话式教学的发起根源分析

教育是心灵的艺术，教学是心灵的启迪，教师是人类灵魂的工程师，凡是与教育有缘的人都熟悉这些名言和说法。在实际的教学中，学生心灵沉睡的现象不在少数。归纳起来大致有三方面的表现：第一，"无心"现象。教师的教学与学生的心灵无法相同，难以引起学生心灵的共鸣与回应，致使教师的教学与学生的心灵处于两相平行而很少相交。此时的课堂奔跑于学生的心灵之外，自然就会产生学生没精打采、注意力涣散等现象。第二，"走心"现象。教师的教学与学生的心灵世界有些关联，偶尔会引起学生心灵的共鸣与回应，但终究未能走进学生心灵的深处、点燃学生心中熊熊的火焰。此时的课堂止步于学生心灵的表层，很少触及学生深层的需要、兴趣、情感和思维，自然就会产生学生一笑而过、一时兴起而难以持续投入等现象。第三，"偏心"现象。教师的教学单纯地强调学生心灵的理性部分，很少关注学生心灵的情感、精神部分；教师的教学单纯地强调学生的逻辑思维，很少关注学生的感知与体验、直觉与领悟。在这种情况下，课堂将学生心灵的理性部分置放在课堂的绝对统治地位，学生心灵世界中更具有生命本源意义的部分却被放逐在课堂之外。长此以往，教学非但不能建构学生的意义世界和生成学生的精神整体，反而会使学生的意义世界和精神人格不断陷入干涸和贫乏。

一旦教学做出了"唤醒学生心灵"这个庄严的承诺，我们就该努力去践行之。然而，课堂教学中存在的"无心""走心""偏心"现象又说明教学并没有能够兑现它的承诺，这主要有以下三个原因：

（1）教学本质问题的认识束缚。教师对于这个问题的认识与回答，必然会对教师的具体教学实践起着根本的导向和规范作用。长期以来，我们主要是在认识论（实践认识论、社会认识论或建构认识论）的框架下去揭示教学的本质，由此产生了特殊认识说、认识—实践说、认识—发展说、交往活动说与建构活动说等基本观点。与此相适应，处于第一线的教师很容易将教学理解为一种纯粹的知识活动。在这种情况下，教师自然难以从"心灵"的高度去理解教学的本质，所谓"教学是心灵的唤醒与启迪"等观点顶多只是教师用以粉饰自己职业的美丽辞藻，或者只是教师教事之余的感想与议论。这意味着我们必须突破狭隘的认识论视角，将我们对教学本质的理解提升到心灵的高度。否则，无论我们选择何种路径、采取何种方式来改进教学，它都难以真正进入学生的心灵世界。

（2）学生心灵世界的难以言说。教学之所以难以走进学生的心灵世界，难以成为唤醒和启迪学生心灵的艺术，其中还有一个原因就是心灵世界本身的难以言说性。在教学生活中，我们能够清楚地将作为人的学生区分为身（身体）和心（心灵）两部分。的确，"心灵"这个概念实在让人难以把握，直到今天心理学也始终未给心灵下过定义。当人们谈到"心灵"时，自然就会联想到"灵魂""心理"这些概念。灵魂、心理和心灵也是不同的，在日常生活中，灵魂是人的整个精神世界的代名词。在学术领域，心理学先是把人当成宇宙的微观世界而灵魂是它的主宰，心理学作为有关灵魂的科学因而在知识界占据了重要位置，后来正是将其研究的对象从"灵魂"转变为"心理"，心理学才取得了较高的地位，被承认为一门科学。由此，"灵魂"概念被"心理"概念取代。因此，要让教学成为唤醒和启迪心灵的艺术，在理论上必须突破心灵概念的认识难关，进而去揭示心灵的构成与机制。

2. 对话式教学的问题情境设计

设计问题的情境主要涵盖了触发问题、唤醒问题和建构问题。从事物发生的状态来看，问题情境的产生能触发学生、唤醒学生，并且让学生的内心世界不断地得到建构和充实。在问题情境设计的基础上，和学生及时沟通能建立起教师和学生之间的心理桥梁，这种教学也被称为对话式教学，通过这种方式不仅可以让两者的思维不断地碰撞，也在构建着学生的内心世界。总而言之，对话式教学能在问题情境创立的基础上达到很好的效果。

（1）学生心灵的触发器：问题情境。怎样的问题情境才能触及学生心灵的深处，基于大量的课堂范例，能够触及学生心灵深处的问题情境通常能够引起和激发学生的注意力、好奇心、求知欲、探究欲和共鸣感等。具体而言，教师可以采用以下五个方法来创设尽量精妙精当的问题情境。

第一，以新奇激兴趣。但凡新奇的事物都能激发人的兴趣，容易引起学生的好奇与思考。教师要善于捕捉课程教材中的新奇处，进而创设出尽量新奇的问题情境。

第二，以真实生意义。问题情境的创设需要从学生的生活实际出发，尽可能地让学生在真实的问题情境中展开学习，使学生真正感受到自己是在学习有实际意义的知识，真正体会到知识与生活的密切联系。

第三，以真切动真情。生动形象的场景和真情实感容易引发学生的情感体验和情感共鸣，产生以情动情的效果。教师在创设问题情境时要善于做到情真意切，用情感架起沟通交流的桥梁，从而促进学生的主动参与和情感投入。

第四，以困惑启思维。当学生遭遇困惑时，内心就会产生一种不平衡的心理状态。为了解除和恢复心理上的平衡，学生便会产生深入探究的欲望和冲动。教师要善于通过问题情境创造困惑，使学生产生认知冲突。

第五，以追问促深究。但凡善于引导的教师，都善于在学生已有思考的基础上借助巧妙的追问，促使学生循序渐进、由浅入深地建构和理解知识。

（2）触及学生心灵深处的教学途径：对话式教学。借助问题情境，教师便可以采用对话式教学，不断地触发、唤醒和建构学生的心灵世界。从操作上讲，教师可以根据教学实际，分别采取以下五种对话教学方式：

第一，问题沟通式。这种教学模式是让学生在课堂上发现问题，并且根据这个问题进行沟通讨论，并商讨出最后的解决办法。

第二，论题争论式。这种对话教学模式一般都要形成正反、两个论题，由此让学生自己分为正反方，让学生通过辩论赛的形式真正地理解知识。

第三，结果分享式。这种教学模式主要在于让学生在完成课后作业的基础上，敢于分享自己的学习结果，达到分享的目的，让学生学会自我反思和团队协作。

第四，角色互换式。这种教学模式重视学生对相应角色的互换，而体验不同角色可以让学生体验到沟通的重要性，最后学会相应的知识。

第五，随机抽查式。这种教学模式能够让学生自发地、主动地从不同的角度去发现更多的问题，形成多种的学习方法，培养学生的合作交流能力，使其能够对学习的知识有深刻的印象。

（三）阶梯式教学

深度教学的第三个教学模式是促进学生持续建构的阶梯式教学。"阶梯"的原意是指台阶和梯子，人们常常用以比喻向上、进步的凭借或途径。我们单纯依靠经验就知道，阶梯所具有的基本特征便是它的层次性。借用到教学之中，所谓阶梯式教学就是指教师基于学生学习与发展的现实水平，将教学活动整合设计成具有层次性的学习阶梯序列，以引导学生不断提升学习与发展水平的教学模式。

单从学生的思维建构过程来看，当下课堂教学普遍存在三方面的问题：①缺乏连续性，即强制性地中断学生的思维建构，致使学生的思维建构没能在一个连续、完整的过程中充分展开；②缺乏纵深性，即不自觉地将学生的思维建构限定在一个水平线上，致使学生的思维建构没能向尽可能高深远的层次推进；③缺乏挑战性，即习惯性地低估了学生思维建构的能力和潜力，未能更有效地挑战和挖掘学生的学习与发展潜力。正是出于对这三大课堂教学问题的反思，我们才格外强调采取阶梯式教学来实现课堂教学过程的连续性、纵深性与挑战性。

1. 阶梯式教学理念与思想

基于知识、学习与发展所具有的层次性，可以从以下两方面提炼和归纳阶梯式教学背后所蕴含的理念与思想。

（1）知识即由知到识。按照一般的理解，知识是人们对事物的一切认识成果，这是一种广义的理解。从词源上讲，"知"作为动词是指知道，作为名词是指知道的事物。"知道"等同于晓得、了解之义。但在古人看来，所谓"知道"是通晓天地之道、深明人事之理，此所谓"闻一言以贯万物，谓之知道"。"识"包括辨认、识别等意思。如果说"知"主要是指认识层面的通晓世道和深明事理，那么"识"则将人的认识拓展到实践的层面，与人的分析判断与实际问题的解决密切相关。由此观之，"知识"不是简单的晓得、了解，唯有达到事物之深层道理的把握并付诸实际问题的解决，方能称为知识。我们强调阶梯式教学，就是要引导学生超越知识的表层，去把握事物背后所蕴含的深刻道理，以穷其事理、尽其奥妙，最终使自己能做到慎思敏行。这就是阶梯式教学坚持的第一个观点：知识即由知到识。

（2）教学即持续助推。教学始终都要为学生的发展开路，始终都要走在学生发展的前面，始终都要给学生创造不断学习与发展的台阶，始终不断地帮助和推进学生的发展变化。作为学生学习与发展的助推者，教师始终要做的最重要的事情便是给学生提供动力、提供机会、提供方法和提供支架，全力助推学生向更有深度的学习和更高水平的发展迈进。这就是阶梯式教学坚持的第四个观点：教学即持续助推。

2. 阶梯性活动的支架设计

阶梯性活动就是给学生提供一个学习的模式场所，依靠这种场所，学生的学习能力不断地提升。就像建筑工程里的房子结构要用支架来支撑，学习和发展也需要支撑。所以，我们必须给学生提供学习发展和提升的平台与支架。

在建筑工程中，"支架"是一个专业词汇，是一个构架的支撑点。在教学中，"支架"则变成了提升学生水平和能力的一个平台。我们可以根据现有的资源，将支架归为两种类型，即主导型支架和支持性支架。所谓主导型支架就是教师采用科学的办法来督促学生学习；支持性支架是对于学生在学习过程中所产生的一些需要，教师能起到支持和帮助的作用。

（1）指导性支架的设计。根据教学的实际经验，教师可以采用以追问促探究以交流促理解、以概括促整合和以实践促反思四个方法，来设计指导性支架以促进学生的阶梯性学习。

第一，以追问促深究。例如，在教"等腰三角形的性质"一课时，多数学生能够猜出等腰三角形的两底角相等，教师可以追问："等腰三角形的两底角真的相等吗？为什么？"

第二，以交流促理解。例如，在教"等腰三角形的性质"一课时，教师可以引导学生围绕"如何探究等腰三角形的基本性质"这个问题展开交流，以促进学生对等腰三角形基本性质的理解。

第三，以概括促整合。例如，在教"数列"一课时，教师可以引导学生在学习数列的定义、类型及特征等方面的基础上概括出数列的本质，以促进学生对数列相关知识的整合。

第四，以实践促反思。例如，在教"等腰三角形的性质"一课时，教师可以引导学生利用直尺等工具构造出一个等腰三角形，以促进学生思考等腰三角形的基本性质。

（2）支持性支架的设计。根据学生学习的实际需要，促进学生阶梯性学习的支持性支架常常包括问题、情境、概念、图表、模型、案例等工具和手段。

3. 阶梯性活动设计的方法

（1）从开始认识到悟性认识。我们可以根据学生的思想层次发展看出他们的认识发展都要经过开始认识然后到悟性认识，最终构建自己的知识框架。这是阶梯性活动设计的第二个办法，即开始认识—理性认识—悟性认识。最初，开始认识就是学生最开始只能看出事物的一些表面现象，对其只能达到最初步的认识。此外，学生通过学习，将没有关系的对象进行联系与结合，看出里面的相似点，对事物的规律现象能有进一步的认识。而理性认识就是学生可以看出事物的本质特征，而且已经有了自己的判断能力和认知能力。悟性认识就是学生在前面几个过程的历练中，可以有自己的思维模式和解决问题的办法。

（2）从学习过程到形成概率水平。从知识的五个层次可以看出学生学习的过程一般都是从概念的形成，慢慢地形成自己的思想，最后形成自己的知识结构。这是阶梯性活动设计的一个方法，即学习过程—形成概念—形成办法—形成思想—找到价值。

（3）从个案学习到活化学习。根据范例教学论的基本观点，学生的知识学习需要经历一个从个别到一般、从具体到抽象、从客观世界到主观世界逐渐深化的过程。鉴于此，施腾策尔将教学过程分成四个环节：①范例性地阐明"个"的阶段；②范例性地阐明"类"的阶段；③范例性地掌握规律和范畴的阶段；④范例性地获得关于世界和生活经验的阶段。

（4）从独立学习到挑战学习。根据学生的发展状态，学生的发展需要经历一个从已有水平到现实水平，最后到可能水平的变化过程。概括而言，可以将学生的课堂学习分为独立学习、协作学习、集体学习与挑战学习四个层次。

（四）理解性教学

教学过程中不应该只看到其"功利"和"实用"的价值，这样很难和学生之间建立起教学的桥梁。这种课堂下的学生对学习会毫无动力，他们也不能认识到学习的意义，所以学生也就很难找到自己的人生价值和发现自身的精神世界。我们必须通过深度教学来解决这些存在的问题，这样才是具有构建意义的教学。此外，学生能通过理解来找到建构意义的根本，因为建构意义就是围绕着理解展开的。这就形成了深度教学的第四个特点，即通过建构意义来展开理解性教学。

1. 理解性教学的现实意义

（1）理解性教学意义的组成。教师在教学过程中应该指引学生组建意义，但是很长一段时间，在课堂中占据主要地位的是知识，这种环境其实阻碍了知识引导对学生内心世界发展的根本意义。我们应该重新认识课堂环境下知识所存在的意义，并改变这种现状。换言之，我们可以从两方面出发剖析知识的意义：一是有用的知识，知识有很多用处；二是无用的知识。课堂知识是一种权威的存在，可以在一定程度上实现学生心灵的发展，所以它具有价值意义。换言之，课堂上的教学并不是简单的知识累积，它更深层次的要求在于以知识积累为基础，去实现学生的心灵意义、丰富学生的内心世界，让学生能够找到自己存在的价值。所以，我们在实践的过程中应该认识到知识和生命的关系，从而去掌握"意义构建"的全部意义。

根据意义的三重内涵（事实维度、价值维度与精神维度），可以将课堂条件下学生建构起来的意义体系区分为两个层次：①知识层次的意义，即借助知识学习而获得的关于世界和事物的意义；②生命层次的意义，即经由知识学习而获得的自我的生命意义。

总而言之，意义的现实缘由围绕着"成物"和"成己"来展开，也是意义组成的过程。具体而言，就是人内心深处都具有向往性，才能对这个世界有所认识和完善。在认识和完善的过程中离不开心智和心事两大载体的依托，这样一来能对事物有准确的掌握，并且从价值意义出发来发现事物的本质特征，从而认识到世界和事物的存在价值。但是，人在认识世界的同时也存在于整个世界，在完善世界的过程中也在不断地寻找着自我。在寻找自我的过程中，人们发现自己不断地追求自我价值，由此便慢慢地找到生命存在的意义，这个过程我们可以认为是"内求成己"。

（2）意义的心理暗示：理解。意义对人为何存在做出了解答，而理解则是对人存在的方式给出了答案。我们可以从心理机制出发，理解就是意义在内心深处慢慢建立的根本存在。理解其实是一种心理活动，也就是通过表面去看清事物意义的过程，也是慢慢剖析人们心理的一种结果。但是不管在外部环境还是自我的价值上，理解只会通过学生的内心在心智和心事不断结合的过程中完成组建。所以，理解其实就是掌握一种事物的深刻意义，我们也可以将理解看作很多方向不断循环的过程。

不过所有的理解都是建立在先前理解的基础上，先前理解可以看作理解的出发点和源头。简单而言，先前理解有三个因素，一是本体先发所具备的心理框架，二是主体先发所理解的心理内涵，三是主体先行的思维模式。这些所谓的心理因素，会一定程度上制约学生对于个体意义的认识。另外，所有的理解都要经过很多对话和不断融合之后才能慢慢地有结果。先前理解会使个体对现在的理解有一定的影响，例如个体容易在理解的过程中以自己的视角去看待事物的意义，这样一来就会产生理解偏差。所以，个体要学会多角度地看待事物，看到事物的价值、历史与现在、事物与本身及不同个体之间的观念结合，从而不断地改善和进步，最终达到对事物的真正理解。我们可以将理解看作人本身的一种理解。这种理解是其他人不能代替的，理解终究是自我理解。所有的理解和理解当中的意义都要通过自己的生命体验去获得，这是一种具有很强的个性特征的过程，所以理解就是感受到我们所能感受到的事物。换个角度就是我们自己真正能感受到的事物，才是真正被理解的。所以，通过先前理解—理解—个体理解这三方面的逻辑思维，心灵才能理解事物的同时又理解自我、在掌握事物意义的同时明白生命的真谛。

（3）意义组建的方式：感受。感受就是意义在内心可以建造的根本。从深层次上来看，感受在构建意义当中的重要作用其实离不开它本身拥有的包容性，表现为事物与个体的结合、知识和生命的结合、个体与他人的结合及个体和多种精神需求之间的结合。

最初，感受将外部环境和学生个体结合起来，为学生开创出了一条由表到里的理解途径，在理解事物的基础上还理解着个体、组建事物意义的基础上也组建着自己的意义。然后，感受能让学生将自己的生活体验和对生命的认识和课程里的知识结合起来。在感受的维度里，客观的事物都是具有生命力的，拥有生命的意义和情调。由于感受世界让学生不仅只满足于课堂上的知识范畴，他们会自己主动地追求生命的价值和意义。最终，感受可以使学生理解师生之间的关系和情感等，让构建意义的对话式教学具备实现的可能性。另外，感受本身就是从本体的生活体验和精神世界出发，在此基础上去建造知识的价值和自我的价值，这些建造起来的意义可以和本体的意义相结合。这样一来，学生内心的精神世界和意义建造才能得以不断发展。

2. 理解性教学的实际运用

作为人类特有的一种心理活动，理解不仅是学生内化知识的关键环节和形成能力的重要基础，而且还是学生意义建构的基本机制。正是通过理解，学生不仅认识和建构知识的意义，同时认识和建构着自我的生命意义。如果说深度教学是引导学生建构意义的教学，那么引导学生建构意义的教学又必定是理解性教学。展开理解性教学要从以下五方面，对引导学生建构意义的理解性教学模式进行实际的运用。

（1）理解性教学的教材分析，即把握学科知识的深层意义。理解性教学首先要求教师能够超越教材的表层，把握住教材知识背后所蕴含的深层意义。为此，教师可以从五方面来分析教材：①知识的产生与来源；②事物的本质与规律；③学科的方法与思想；④知识的关系与结构；⑤知识的作用与价值。

（2）理解性教学的学情分析，即把握学生的前理解。在理解性教学中，教师分析学情的重点是准确把握学生的前理解。为此，教师可以从三方面来分析：①学生的经历与见识；②学生的意识与观念；③学生的思路与方法。

（3）理解性教学内容的选择，即从了解到理解。为了引导学生深刻、丰富而又完整地理解知识，最终建构起知识的意义与自我的意义，教师需要根据其重要性程度将教学内容分为三个层次：①学生只需了解的内容，如人工取火的各种方法；②学生必须记忆的内容、基本要领等；③学生重点理解的内容，包括三个基本条件之间的内在关系。

（4）理解性教学的过程设计，即从前理解到自我理解。根据理解的基本心理逻辑，理解性教学包括前理解、协作理解和自我理解三个基本环节。在前理解阶段，教师创设问题情境，让学生基于自己的已有经验进行尝试性的理解。在可能的情况下，教师还可以引导学生对自己的科学兴趣、专业理想、科学精神、科学态度和社会责任等方面进行反思和认识。

（5）理解性教学的策略选用，即循环式教学。正如前文所述，理解的关键在于双向循环过程的展开。为了促进学生的协作理解与自我理解，最终建构知识的意义与自我的生命意义，教师需要尽可能地引导学生展开多种双向循环的认识过程。在数学教学中，教师可以采取体验—思考、提取—整合、诠释—生成、交流—反思四个教学策略。①体验—思考策略是让学生作为一个体验与思考者，引导学生在已有生活经验和实验观察的基础上，深入思考实验设计的根据与思路、实验探究的思想与方法及燃烧的基本条件及其内在关系；②提取—整合策略是让学生作为一个提取与整合者，引导学生从实验中提取关键的信息与证据，最终整合建构出燃烧的基本条件和燃烧的基本原理；③诠释—生成策略是让学生作为一个诠释与生成者，引导学生诠释蕴含于燃烧条件探究过程中的科学精神、科学方法、科学思想与社会责任，鼓励学生生成自己的问题、观点与见解等；④交流—反思策略是让学生作为一个交流与反思者，引导学生在与师生的交流过程中，反思和调整自己的认知结构和思维方式。

第四节　高中数学教学中的翻转课堂模式

一、高中数学教学中翻转课堂的认知

（一）翻转课堂的发展

"翻转课堂"最早的探索者是萨尔曼·可汗，他想到了制作教学视频，让更多学习有困难的孩子享受辅导资源。2006 年 11 月，他制作的第一个教学视频传到了 YouTube 网站上，并很快引起了人们的关注，目前很多学校都在教学中使用翻转课堂。2007 年，两名化学教师乔纳森·伯尔曼（Jon Bergmann）和亚伦·萨姆斯（Aaron Sams）在美国科罗拉多州落基山的一个山区学校——林地公园高中，开创性地应用了一种完全不同于传统课堂的教学模式。最开始，学校的教师发现由于学校位置距离学生的家庭住址较远，学生因为天气、交通工具等原因，导致迟到或者错过正常的教学活动，从而影响了学生的学习成绩。针对这一情况，乔纳森·伯尔曼和亚伦·萨姆斯尝试录制结合 PowerPoint 演示文稿的课程讲解视频，然后将其上传到视频网站上供学生观看学习，这种新型的教学模式在推行初期就收到了一定的成效。随后，该学校的教师开始把传统课堂的授课内容以视频的形式上传到视频网站，让学生可以在家里学习，学校的课堂时间被教师用来辅导学生完成课后作业，以及帮助学生解决在实验中遇到的问题。由于视频是被上传到公开的视频网站上，因此也在其他学校的学生中得到了广泛的传播。

伴随着这种教学模式受到了越来越多的关注，两位教师作为开创者，也被邀请到其他地区开展推广活动。视频网站上有越来越多的教师开始录制和上传不同学科的课程讲解视频，学生可以合理、灵活地安排课外时间以进行在线学习，在课堂上再进行答疑解惑、查漏补缺。由此可见，翻转课堂不仅改变了小城镇学校的教学模式，还影响到了来自不同国家、地区、学科的教师改变自己当前的授课模式。

虽然翻转课堂的教学效果和可行性得到了教师和学生的认可，但是上传到视频网站的教学资源依然有限，不能全面覆盖不同年级、学科的需求，只在部分地区和学生群体之间得到传播。然而，萨尔曼·可汗在 2011 年建立的非盈利性质的在线视频课程——"可汗学院"解决了这一困境。可汗学院在全球范围内流行，一方面是其得到了比尔·盖茨等投资人的支持；另一方面在于萨尔曼·可汗的教学视频不仅专业，而且独具个人魅力。此外，他还针对在线教学设计了一个能够及时捕捉到学生做题时容易被卡住的细节的课程联系统，教师可以及时地为学生提供针对性的帮助，同时还设置了奖励机制，对于学习效果好的学生授予勋章，后来人们把这种教学方式称为翻转课堂的"可汗学院"模型。

随着互联网与移动设备的不断发展，到了 2022 年，翻转课堂已经应用到更多的学校当中，成为教学创新的重要组成部分。

（二）翻转课堂的核心理念

翻转课堂的核心理念是先将新知识的基础打牢固，再锻炼加强知识的运用能力；课堂外进行知识教学，课堂内进行知识内化与运用。只有深刻认识和理解该教学模式的核心运行理念，才能在不同地区、年级、学科的课堂上充分发挥翻转课堂教学模式的功效。

1. 掌握学习理论

本杰明·布鲁姆（Benjamin Bloom）是美国当代著名的心理学家、教育家，他曾提出过"教育目标分类理论""掌握学习理论"等一系列教育理论。1981 年，布鲁姆通过进行实验发现，通过一对一的针对性教学后，班级里多位中下水平学生的成绩超过了多位中上水平学生的成绩，由此他认为在恰当的条件下，每一位学生都有成为优等生的可能。对此，他提出了掌握学习理论，即在"所有学生都能学好"的思想指导下，在经过班级授课学习的基础上教师给予学生针对性的、及时的帮助，针对反馈信息调整教学计划和教学方法，从而使每一位学生都达到教师在授课前制定的教学目标。因此，布鲁姆掌握学习理论不仅是翻转课堂理论的重要组成部分，还对翻转课堂的实践教学过程和我国的教育发展有着重要的指导意义。首先，该理论要求教师树立每个学生都能成功的乐观教学理念，平等看待学生，一视同仁；其次，这一理论还强调教师关注每位学生的人格心理，推动学生主动学习，充分调动了学生深度学习的积极性；最后，创新性地提出了教师应用恰当、合理的运用奖励评价机制，充分发挥其促进功能。

2. 自组织学习理论

翻转课堂得以推行的核心在于学生通过电脑网络技术的支持，主动地进行自我学习和互助学习活动，这一观点与印度教育家苏伽特·米特拉 1999 年在启动的"墙中洞"（Hole in the Wall）项目总结出的自组织学习理论不谋而合。苏伽特·米特拉在印度一处偏远的贫民窟的墙体里嵌入了一台联网的电脑，并告诉这里的孩子可以自由使用这台电脑，整个实验的过程没有出现任何类似教师角色的干预行为，但是这些孩子竟然自发地组织成互助小组，通过网络学习各科知识。该项目表明建立起引发学生好奇心的学习环境，能够有效提升学生参与学习活动的动机程度，而与同伴形成学习互助小组也会进一步激发学生不断探索学习的动力，从而最终形成一个自组织学习的良性循环机制。伴随着信息技术、媒体技术的进步，以及不同学科的教育资源依托互联网逐步开放，作为主张"自组织学习"的翻转课堂教学模式，必然将会对我国的教育变革产生深远的意义。

3. 建构主义学习理论

建构主义学习理论的核心观点是：学习是人在已经获得的知识基础上，结合时代背景、所处的社会文化背景、个人成长经历，主动地对知识重新进行加工和组合，重新建构知识体系的过程。因此，建构主义学习理论在翻转课堂的应用体现在三方面：①教学活动是以学生为主导进行的，教师只是学生主动进行知识建构的帮助者和促进者；②教学活动不仅局限于书本知识，还需要尝试在实际情境中运用知识来解决实际问题；③强调协作学习的重要性。由于学习过程是个人主动地以自己的方式形成对不同事物的认识和见解，从而每个人对同一个事物的认知是不同的，因此互相交流各自的观点能够使最终建构的知识丰富、全面，且印象深刻。

（三）翻转课堂的教学内容

由于翻转课堂是一种新兴的、处于发展阶段的教学模式，来自不同领域的争议和质疑声音不断。目前，很多学校的主要教学模式还依然是课堂，是由教师主导对知识进行讲解，学生被动学习，其学习的积极性和互动性普遍不高，而翻转课堂则是将传统课堂里的教师和学生的角色进行了互换，学生首先在上课前通过教师录制好的课程讲解视频进行自学，随后课堂转变为教师组织学生交流学习进度和成果，针对性地对学生各自的问题和困难提供有效的解决方案，引导学生自发地对知识进行思考和实践运用，学生从被动学习转变为主动学习。同时，一方面，这一模式为评估教师的教学成果增加了新的评价指标，即课程讲解视频的关注度、播放量，以及学生进行评论、转发的数据；另一方面，翻转课堂让学生的学习效果评估不再由简单的阶段性考试成绩所决定，学生的自主学习能力、创新能力、表达能力、领导能力等是否在学习过程中得到提升也被纳入了评价指标中。

当前，传统的课堂教学模式和现存的教育方式已经呈现出其在培养适合推动新时代发展人才方面存在的不足，而翻转课堂能够在几年内就受到多个国家、地区教师和学生群体的认可，就可以看出这一课堂模式是时代发展的要求，也是教育行业转型升级的体现。目前不同阶段的学校针对翻转课堂进行了多方面的考察和实践研究，认为这一模式相比于传统课堂，能够有效地激发学生的学习动力和兴趣，加深了学生对学科知识的理解，学生的综合素质、创新能力、思考能力和自学能力等都得到了不同程度的提升。随着我国基础教育的全面普及，以及教育理念随着时代发展不断创新，翻转课堂在帮助学生全面发展方面的价值和实践意义逐渐凸显，未来的发展空间巨大。

二、高中数学教学中翻转课堂模式的活动设计

近年来，我国教育一直处于改革阶段，翻转课堂是教育改革的实践产物。数学在加入翻转课堂之后，教学模式也产生了变化。在数学学习之前，学生需要根据导学案开展自主学习，然后教师和学生会积极讨论本节数学课的相关内容，而且上课环节也发生了变化，上课更加注重师生之间的交流、展示、讨论与探究，数学教学模式的变化使课堂中出现了很多微课视频、音频、图片及其他网络链接。

翻转课堂模式要求学生利用导学案展开自主学习，然后再进行小组内部讨论，学生可以在讨论中解决疑问，如果讨论之后还存在困惑，学生可以在课堂上向教师询问，也可以和同学展开深入的交流，分析问题，解决问题。

建构主义思想指出学生和环境之间存在的相互作用能够为学生学习提供源源不断的动力，而且作用力还能够让学生在认知方面和情感方面发生态度转变。对于学生而言，自身和环境之间的相互作用就是学习活动，在翻转课堂教学模式中微课具有非常重要的作用。但是，微课的使用需要辅助课上的探究活动，只有这样才能发挥出翻转课堂教学模式的最大作用。

开展学习活动是为了达到预期的学习目标，在学习活动中学生会和学习环境产生交互作用。学习环境包含很多内容，如学习资源、学习工具、学习策略及其他支持学习行为的服务。学习目标的实现需要依赖于学习活动的内容、学习活动的设计及学习活动的具体操作步骤。在传统课堂中，学习活动的开展主要包括学习目标任务、学习交互形式、学习角色、学习职责和规划、学习成果和评价规则及监管规则等。翻转课堂加入学习活动之后也要涉及学习要素，例如学习资源、学习环境、学习主体与评价规则等，这些要素会直接影响翻转课堂学习活动的开展，也会影响到学习活动能够获得的学习效果。

（一）翻转课堂模式的活动设计要素

1. 学习环境要素

翻转课堂的学习环境有四方面：一是家庭学习环境，家庭学习环境是学生自主学习的保障，家庭需要为学生的学习提供物质条件，例如安静的学习氛围、能够指导学生学习、督促学生学习的家庭成员等，家庭学习要求学生自我约束力较强，需要家长和学校配合，形成教育合力；二是课堂教学环境，课堂教学的中心是学生学习内容，主要是思维练习，注重培养学生的选择能力、决策能力，让学生能够全面发展，课堂环境能够为学生提供真实的学习情境，课堂教学环境传递信息的渠道也非常多、非常丰富；三是网络学习平台，网络学习平台提供的课程活动蕴含建构主义教学理念，能够帮助教师更好地设计教学活

动；四是学习支持服务，该服务的目的是全方位地为学生学习提供支持，帮助学生解决学习困难，具体而言，主要涉及动机激励、任务指导等内容。

翻转课堂学习活动对学生的自我管理能力提出了较高的要求，对教师的工作能力也提出了较高要求，教师要为学生创造出良好的环境，为学生提供他们需要的信息和资源，促进学生的个性化学习及合作学习。为了让学生保持学习积极性可以设置积分奖励，通过量化的数据来反映学生的学习成果，还可以使用量化的形式评价学生的学习过程，除此之外也可以设置精神方面的奖励，例如颁发荣誉奖章、评选光荣称号等。如果有特别出色的学生可以同时奖励积分和荣誉称号，这些奖励形式能够激发学生的学习主动性，让学生更愿意参与学习活动。任务指导能够帮助学生形成清晰的学习步骤，让学生明确学习目标。例如在网络学习平台上，平台可以按照学生的学习足迹给学生推送相关的学习资源，这有利于学生更好地开展自主学习，除此之外，也可以为学生的练习设置答案反馈，为学生展示详细的解题过程，让学生厘清自己的思维思路。教师还可以利用知识地图直观地展示知识层次、学习路径，可以有效地指导学生的学习，帮助学生建立整体的、结构化的知识系统，避免知识的过度分化和孤立。

设计学习环境主要是为了更好地帮助学生建构知识，让学生的学习更有意义，翻转课堂学习活动的环境应该是有利于交流沟通的、有利于激发学生学习积极性的、能够为知识学习提供足量信息的、让学生全面发展的环境。

2. 学习主体要素

在翻转课堂学习活动中，学生是执行者，学生在活动中扮演的角色、展开活动的方式、活动中的互动等都会影响到翻转课堂的学习效果，在设计翻转课堂学习活动的过程时，必须尊重学生之间的差异性，也要注重学生个性的发展，为学生的发展创造合适的情境，保证学生能够有完整的认知结构，能够建构自我知识系统。在上课前，教师需要了解学生的兴趣、学习能力、学习活动的经验及对学习的需求，在此基础上设计学习内容，选择符合学生要求的学习视频，设置学生需要的学习任务，布置适合学生能力的学习作业；在课堂中，教师要兼顾不同学生的认知差异，也要在课堂中设置讨论、合作研究的环节，充分尊重学生的学习主体性，让学生作为学习的中心；在课下，教师要对学生的学习过程做出总结和反思，对学生进行多方面、多角度的评价，让学生认识到自己的不足，实现学生的持续发展。在教学过程中使用的方法和手段，需要为学生的个性化发展服务。

3. 学习资源要素

学生学习活动的实现需要学习资源作为支持，学习资源包括各种各样的资源，例如文本资源、音频资源、视频资源、动画和图表资源等。翻转课堂学习活动为学生的学习提供了多种多样的资源，而且资源是开放的，教师可以根据教学内容选择合适的学习资源。教师也可以对学习资源进行二次加工和设计，让资源更加符合教学需要，例如教师在处理陈述性的知识时可以设置热区导航，在其中加入具有说明性的内容，如文本知识、图表知识；教师处理程序性的知识时，可以分层次地将知识陈列出来，帮助学生建立清晰的概念认知，帮助学生构建完善的知识结构，例如认知策略的学习、动作技能的学习等；教师在处理学习资源的过程中，需要注意体现学生的个性自由，让学生的思维在活动中得到发散，让学生有自主的思考、深刻的认知。特别是微视频，学生会依靠微视频进行大量的自主学习，所以微视频的设计一定要注重学习自主性的体现，要让微视频发挥出互动功能，帮助学生了解新知识，建构新知识。在微视频中应该体现出本视频要学习的内容和要解决的学习问题，帮助学生了解和明确视频学习的具体目标。

4. 教学方式要素

翻转课堂和传统的课堂有所不同，教师的角色、学生的角色都发生了转变，翻转课堂使面对面学习和网络学习产生了紧密的连接，除此之外，它还实现了知识和技能、应用和迁移的结合。在翻转课堂中，教师既是学习资源的开发者、设计者，也是学习目标的制定者、学习活动的组织者，教师要陪伴学生学习，要管理、设计、考评学生的活动，学生需要积极发挥自己的学习主动性，要建构自己的知识体系。

5. 评价规则要素

翻转课堂学习活动必须注重学习过程。活动是动态的、整体的、复杂的，并不是线性的，活动过程需要教师监督和掌控，并且对某些环节要做出适当的引导，还要对学习过程做出有效的评价和反馈，确保学生的发展符合预期目标的设定轨迹。例如，如果学习过程中出现了意外因素，那么教师必须认真对待和处理，保证学生的学习能重新回归到稳定状态。除此之外，还可以通过学生和环境之间的交互建立反馈机制，保证学生的知识建构始终处于稳定状态，最后教学评价方式需要做出改变与创新，教学评价方式应该既适合于翻转课堂学习活动，又能够促进学习过程的推进和学习效果的提升，教师要充分利用评价对学生的反思作用和学习督促作用。

对学生的活动过程的评价、自主管理能力的评价、合作组织能力的评价、语言表达能力的评价应该从问题出发，关注过程，力求形成真实有效的评价，发挥评价的作用。评价需要从多种角度展开，整体地评价学生的学习过程、学习态度、学习结果。例如，在课程开始之前，教师应该自主评价并总结学生在网络学习平台上的视频观看记录，查看学生的学习进度及学习安排，清楚地了解学生的准备状况；在课程当中，教师要关注学生对知识的构建情况，要指导和督促学生的学习行为，督促学生参与讨论、参与合作，解决课前存在的疑难问题；在课程结束之后，教师应该为学生布置学习任务，并且要求学生在规定的时间内递交反思报告、评价报告。

（二）翻转课堂模式的活动设计要求

第一，正视不同学生之间的差异。翻转课堂学习活动需要有针对性地为学生提供服务，针对性服务的提供需要教师提前掌握学生的个人情况，并且做出针对性的指导，在课程中也要对个别学生进行专门辅导，为学生提供个性化学习服务。在课程结束之后，也要及时更新学生的能力发展状况，为学生知识的学习提供相应的巩固和强化措施。

第二，让活动设计得具体细致。教师需要在学习活动之前、活动当中、活动之后的各个阶段为学生设立明确的目标，做出详细的活动安排，让学生按照活动安排展开活动，发挥自己的主体性来完成活动目标。

第三，为学生学习提供有效的支持服务。教师要保证学生学习环境的合理、科学建设，要探究不同的学习方式，培养学生的自主性合作能力、探究能力、自我管理能力，为学生知识的建构提供服务支持。

第四，在活动中始终进行监督和管理。教学活动开始之前、过程当中、过程结束之后，教师都要进行有效的监管，检验学生的学习效果、学习任务的完成情况，评价学生的协作能力、交流能力、学生的学习成果、参与意识等，还要督促学生进行自我反思与评价。

（三）翻转课堂模式的活动设计展望

第一，活动必须凸显主体地位。与此同时，也要注重多元声音活动，最重要的是人的参与，人才是活动的主体，所以必须明确翻转课堂学习活动的主体是学生，必须给予学生主体地位，让学生发挥出学习主体性。学生掌握了学习主体性之后，会在学习中表达积极的学习态度，能够和他人展开频繁的交流，学生掌握了翻转课堂学习活动的话语权就能发出更多属于自己的声音，能够进行更多自己主观层面的互动，换言之，翻转课堂学习活动的声音从以往的教师独白已经转变成师生的共同对话。

第二，活动中介要多元化发展。翻转课堂学习活动的开展需要依赖于工具中介，只有通过工具中介，学生才能和环境产生交互。可见，工具中介为学生提供了感知世界、理解世界、解构世界的渠道。工具中介能够让学生直观地感受工具中介的可视化形式，所以如果学生想要了解世界本身的状态，就需要利用更多形式的工具中介，对世界进行多角度的感知、理解和解构。换言之，工具中介不能过于单一，要向着多元化的方向发展，具体在翻转课堂学习活动当中就表现为要建设多元化的工具中介，促进学生对世界的更好感知、更好理解。从这个角度来看，微课的存在有不可忽视的作用。在翻转课堂学习活动当中必须避免活动途径的单一，可以在活动当中使用口头语言、书面语言或者技术等各种各样的中介工具，让学生借助工具更好地理解世界的本质状态。

第三，翻转课堂学习活动应该有明确的任务，应该将任务作为发展导向。活动任务是学生活动的核心，换言之要将建构性知识、解决实际问题作为活动核心，让学生把学习当作一项任务不断地去探究，解决一个又一个的任务，学生的探究精神能够让学生更加积极、更加热情地参与活动，能够有效地激发学生的活动主体性，也有利于多元中介发挥作用，让学生通过中介工具了解世界的更多可能，与此同时，设置活动任务能够让学生明确清楚地知道活动的目标，能够让学生的行为有目的性，能够让行为朝着任务完成的方向发展，学生探究的行为就是任务活动完成的一部分。

第四，翻转课堂学习活动是动态的，并不是线性的，也不是预定性的。固定的学习活动指的是教师为了完成某些学习目标而为学生设计的固定操作。固定的学习活动有非常强烈的独立性，它将活动和行为进行了微化分解，完全忽视了学习过程的动态特征和复杂特征，所以固定的学习活动很难实现学生的全面整体发展。学习活动不应该是固定的，应该处于动态之中，在进行活动设计时可以明确活动任务，但是要注重活动过程的动态特征、非线性特征、非预设特征的体现，而且要注重学习者之间的交流和沟通，注重学生在动态复杂环境下产生的非线性的、非预定性的活动和行为，注重活动过程的动态性能够让知识更好更快地传递，也能够有效应对活动中出现的不同观点，有利于创新。

第五，活动个体与共同体之间要和谐发展，学习并不是学习者一个人的知识构建，还涉及和其他人的交流互动，所以学习活动过程不仅要关注学习者的个人学习状态、个人知识情况，还要注意学习者的知识建构过程当中可能出现的不同观点，让学习者和其他的活动共同体进行交流和沟通，交流和沟通能够提高课程的活力，也能够让学习者借鉴别人的优点，不断地完善自我、反思自我。

第五节　信息化技术环境下高中数学课堂教学模式

一、"传统课堂+"模式

"传统课堂+"模式又称为演示型教学模式，这种教学模式改变了传统的黑板上板书、画图、写公式、书写解题步骤的教学方式，采用演示文稿的形式，中间插入动态模型、声音、图片等，这样对于教学中一些比较抽象且难理解的知识点，学生可以直观形象地进行观看，一目了然地明白教学难点。"传统课堂+"模式一般可以分为六个教学步骤，下面以人教版高中数学中"函数的奇偶性"的教学为例进行阐述。

第一，教师对本次授课内容进行课件制作、教学设计和信息化教学准备工作，如多媒体、交互式电子白板、几何画板相关软件等。

第二，结合学生作业完成情况，对上节授课内容中容易出错的题目进行回顾，同时利用相关联的知识导入新课，为学生学习新知识做好铺垫。学生观察 $f(x) = x2$ 和 $f(x) = |x|$ 两个函数图象，总结有哪些共性。同时计算两个函数中 $f(1)$ 与 $f(-1)$、$f(2)$ 与 $f(-2)$、$f(x)$ 与 $f(-x)$ 存在的关系。

第三，利用交互式电子白板画图软件展示 $f(x) = x$ 和 $f(x) = 1/x$ 的图像。"学生仔细观察两个函数的图象，总结两个图像的特征，结合函数值对应表，练习应用数学语言描述函数图像的特征，总结奇函数和偶函数的特征"[1]。教师对重要知识点进行讲授，包括奇函数和偶函数的定义、奇函数和偶函数的特点、奇函数和偶函数的图像特征等。

第四，利用交互式电子白板展示奇函数和偶函数的图像特征。

第五，随堂练习，知识巩固。利用定义判断函数的奇偶性：$f(x) = -x2+1$，$f(x) = 0$，$f(x) = x2+x$。

第六，小结评价，布置作业。根据奇偶性，把函数分为奇函数、偶函数、既奇又偶函数、非奇非偶函数四大类，以及奇函数和偶函数的图像性质，奇函数关于原点对称，偶函数关于少轴对称。学生之间讨论总结函数奇偶性的判断步骤，首先求解函数的定义域是否关于原点对称，再进一步判断 $f(x)$ 与 $f(-x)$ 存在的关系：如果 $f(-x) = f(x)$，则 $f(x)$ 是偶函数；如果 $f(-x) = -f(x)$，则 $f(x)$ 是奇函数。

二、互助探究型学习模式

互助探究型学习模式指教师在教学过程中提前结合学生的学情、教学内容等创设教学情境，设置教学问题，本着以生为本的教学理念，鼓励学生充分利用现代化信息技术进行问题探究，对重点知识进行质疑、探究、交流和归纳等，最后解决问题，自行推导一些简单的数学公式。互助探究型学习模式主要分为五个教学步骤，下面以人教版高中数学中"排列组合和概率"的教学为例进行阐述。

第一，结合学生的学习情况进行分组教学，教师提出与生活相联系的问题，创设教学情境。

---

① 范建凤，王敏. 信息化背景下高中数学课堂教学模式探析［J］. 中国教育技术装备，2018（17）：112.

第二，引导小组中选出学生代表进行归纳总结，采用数学语言描述排列组合加法原理。

第三，信息化教学采用视频方式，对于学生总结的规律进行演示验证，进一步对于相关解题方法进行规范性指导。

第四，反思教学，进行评价。对于在总结归纳中表现比较突出的学生给予表扬，同时总结这堂课的重点：对于"排列组合"和"概率"这类题目，首先要判断是分类还是分步，分类则采用加法原理，分步则采用乘法原理；进一步了解不同的排列和相同的排列中，元素和顺序的变化。

三、研究学习型模式

研究学习型模式指学生在导师的指导下，选择一些与日常生活相关的知识为研究方向，自主运用学习的知识来解决实际生活中的问题。研究学习型模式区别于"传统课堂+"模式和互助探究型学习模式的特点是，其具有比较强的实践性，涉及的面比较广，不仅仅局限于课本，主要是学生通过实践研究的方式把教材中学习的知识加以运用，更好地解决生活中遇到的问题，达到学以致用的教学效果。研究学习型模式可以分为五个步骤，以人教版高中数学中"图形的对称"为中心，学生已经学习了轴对称图形、中心对称图形等，练习使用计算机中的相关画图软件，画出体现对称美的图形。

第一，教师提供选材资料，学生利用学习的数学知识，运用计算机中的画图软件和制作软件，制作一些图形的旋转动画。学生可以从网上搜集相关资料，如福建卫视、凤凰卫视或者无线电视的台标；也可以画出一些国家的国旗等，很多国旗体现出对称美。学生可以根据自己的爱好自主选题。

第二，确定选题。学生确定选题之后，需要把自己的选题依据对导师进行汇报，以确定这个选题方向具有一定的实践意义。

第三，教师和学生共同确定实施方案，包括选题意义和依据、研究计划、研究过程中需要的学习工具、研究过程中用到的研究方法和最终的研究成果形式。导师需要对学生的整套方案给予建设性指导，确保在实施过程中顺利进行。

第四，研究实施阶段。导师主要负责处理一些计算机相关软件的应用问题、理论知识的运用问题和数学数据处理问题等，学生负责搜集相关信息资料，自主研究并且实施。

第五，撰写研究报告。学生对研究成果进行书面报告，同时对研究过程中遇到的问题进行汇总。

第六章

教育信息技术与高中数学课堂教学的融合实践

第一节　信息技术促进教师专业化发展的实践

一、信息技术促进教师专业化发展的认知

（一）教师专业化发展的内在需求

如何实现数学教师的专业化发展，应该结合中学数学基础教育改革对数学教师的要求，以及教师专业化发展的内在需求来进行分析，具体从以下两方面进行探讨：

第一，中学数学基础教育改革以四个教育理念为根本：一是以学生发展为本的中心观念；二是体现有价值的数学、现实生活中的数学；三是改革数学教师教学方式与学生学习方式；四是建立多元化的评价体系。从教育理念来看，数学教师的角色将发生很大的改变，即由过去的传授者变为引导者，变为学生数学学习的帮助者，而不是高高在上的知识掌握者、知识学习过程的统治者、权威者。数学教师的作用是把数学科学转移为基础教育的数学学科或课程，即把学术形态的知识转换为教育形态的知识，再把基础教育的数学学科或课程转换为学生的数学科学知识，即把教育形态的数学知识转换为学生自身建构而成的数学知识。因此，从这个角度来看，数学教师要具有足够的数学学科的知识，要理解数学知识的本质，并且要具有相应的教育学、心理学知识，才能实现这两者之间的转换。教师要站在学生学习的角度，要了解教师眼中的数学知识与学生眼中的数学知识、学生自身固有的数学知识之间的差异，要努力搭建这几者之间的桥梁。这些需要通过学习数学知识、数学哲学、学生学习心理学等方面的知识才能完成。

第二，中学数学课改提供了"精英数学"向"大众数学"教育目标的转换，既然不是以学科知识传授为主，那么就要求教师具有更深层次的教与学的知识，要求数学教师是一个现实数学教育中的研究者。地方课程、校本课程要求数学教师是一个教材编制者与设

计者，是生活中的数学发现者、研究者，而综合课程、探索性问题学习同样要求数学教师是一个综合素质者，是一个发现教育问题、解决教育问题的研究者。

数学教师专业化发展则要求数学教师不断更新、演进和丰富内在专业结构，要求具有自我专业发展意识，关注自己的教师专业发展，对自己的专业发展负责，进行反思性教学，实现数学教师的自我成长。

（二）教师专业化发展的相关模式

新课程改革的浪潮逐渐推进，在新课程改革下高中数学教学专业发展需要与时俱进，不断提升教师自身的专业素养，为更好地培养数学人才奠定基础。为促进高中数学教师专业更好地发展，以下主要分析教师专业发展的相关模式：

1. 自我学习——丰富和更新知识

高中数学教师需要不断完善自身知识结构，为专业发展提供源头动力。数学教师的理论学习是获得专业发展的关键途径，通过对数学专业、教育学、心理学等学科的不断深入研究，实现对教育价值观、知识结构、知识层次的自我更新，不断提升教师的教学技能和素质，成长为专家型的教学人才。理论自我学习分为数学专业知识与教育理论知识学习两部分。其一是更新与丰富数学专业知识，完善数学专业知识结构。关注数学科学前沿知识与发展动态，了解科技新发现和新成果，关注科技前沿中的应用现状，吸收新知识、新理念、新规律，如航天航空的发展应用到哪些数学、物理、化学知识，最新天气预报方法对物理、数学知识的运用等。其二是主动学习教育理论知识，提升教学理论素养，除了专业知识以外，教学理论也需要更新，新数学课程在教学结构、教学内容、教学评价、教学展开等很多方面发生了很大变化。为了适应新时期的教学需要，教师需要丰富自身的教育理论，完善教学行为，提升教学质量，仔细阅读教育学、心理学等相关知识，查阅重要的教育学书籍，以获取数学教学改革前沿信息和研究新理论，不断提升自身理论素养。

2. 课堂教学——专业发展实践智慧

教学课堂是数学专业知识和教学理论知识应用和实践的场所。在实施教学过程中，教师需要努力践行新课改教学理念，以学生为本、因材施教，认真分析课堂教学内容、教学目标、教学方案，做好备课、教授与评价。重视第二课堂的教学引导过程，不断地在实践教学过程中提升自身教学技能、积累教学经验，总结新方法。高中数学教学实践需要重视教学中与其他学科知识的融会贯通，注意数学与物理、化学、信息技术等知识的融合。例如，物理课程中物体在做匀速运动时距离和时间之间可以建立一次函数关系，匀加速运动与数学中的二次函数图像相关联。数学教师要具有学科融合的思想，引导学生融会贯通，开阔学生视野。为了获得高质量的教学效果，教师需要重视教学的实践过程，并且需要重视对高中数学知识准确理解，对高中数学教学目标准确把握，合理设计与运用教学策略，对高中数学教学活动进行科学规划与实施，正确反馈、评价与分析教学效果等这几方面。在课堂中让自己的专业不断得到发展，在实践中获得真知灼见，增加智慧。

3. 校本研修——提高教学研究水平

校本研修是学校组织与规划，以学校教师发展为目标，围绕教学实际问题，以提升教师的教研能力、教学能力，促进教师专业发展为目标的教学研究形式，为数学教师专业发展提供了重要保障。校本研修是良好的活动平台，活动形式有课例研究、教育叙事研究、课题研究、教研活动等。

（1）完善和丰富教材内容，编写校本教材或校本教案。教研组是具有数学专业特点的学习型组织，结合了"教学"与"研究"，结合本校学生的特点，展开校本教材或校本教案的编写，探寻适合本校学生水平与特点的学习内容。

（2）数学教学行动研究。为提升教师的教学技能，促进教师专业化发展，展开以诊断、计划、行动、观察、反思为流程的教学行动研究，得出研究结论并记录研究报告。例如，在"空间几何"点、线、面之间的关系、判定及证明中，由线面平行延伸推出面面平行。通过阶梯式的证明方式，以提升学生空间想象能力、推理能力为目标，结合教学行动研究，展开研究课题。

（3）数学教育叙事研究。通过对教学事件与行为进行描述分析，研究、反思与评价教学意外、冲突等。例如，对"数列"知识的讲述，关于等差数列、等比数列及数列在九连环、购房中的实际应用等展开叙事研究，对教学中学生行为、学习效果、领悟成果展开研究与反思，作好科学评价。由校本研究展开组织教学研究活动，促进教师在专业上有规划地发展。

4. 内外交流——发展教师专业水平

专业引领是教师专业发展的重要途径之一，需要专家的理论和实践指导与帮助。专业引领其实就是专家学者与一线教师关于教学理论与教学实践的对话，其主要形式有学术报告、教学现场指导、理论辅导、合作研究等。教学现场指导专家与教师一起备课、听课与评课，并进行反思与总结，通过对教学中存在的问题进行分析、反思，制定出优化的解决方案。加强高中学校与高校、科研机构的交流与合作，通过建立实验基地、科研场所等，加强对实际教学问题的分析、指导和研究。同时，还需要发挥高中本校骨干教师的带头作用，组织对青年数学教师的培养，促进高中数学教师向着专业化进程迈步，逐渐培养高中数学教师成为专家型教师。

总而言之，在高中数学教师的专业发展模式中，教师要从自身实际出发，重视对自身数学素养的提升，不断丰富自身理论基础知识，强化教学实践，重视理论学习与教学实践的融合与统一，通过理论学习来完善教学思想、指导教学行为，通过教学实践反思理论与实际的出入，有效探讨出适合现阶段高中数学的教学模式。

（三）信息技术促进教师专业化发展的理论依据

1. 建构主义理论

针对数学学习的认知过程，强调用建构主义思想指导高中数学教学。建构主义教学模式强调以学生为中心，视学生为认知的主体。学生是知识的主动建构者，教师只对学生的意义建构起帮助和促进作用，让学生在知识的合理建构中充分享受好的数学教育及其好的数学教育具有的生动内涵。建构主义的教学观正是要求教师充分发挥高中学生的特点，让学生组织、让学生自己学数学、让学生体会其中的兴趣。

整个数学学习过程经历了由新的数学学习内容到原有数学认知结构的输入阶段、由原有数学认知结构到产生新的数学认知结构雏形的相互作用阶段、由产生新的数学认知结构雏形到初步形成新的数学认知结构的操作阶段、由初步形成新的数学认知结构到形成新的数学认知结构以达到预期目标的输出阶段，而这四个阶段中的任一阶段的学习出了问题，都会影响数学学习的质量。由上述数学学习一般过程的认知理论可见，数学学习并非一个被动的接受过程，而是一个主动的建构过程。任何数学知识的获得都必须经历"建构"这样一个由"外"到"内"的转化过程，因此提高教师教育和教学理念，用建构主义的思想指导高中数学教学势在必行。

（1）建构主义的数学观。数学不是静态的，而是动态的。数学学习活动应由学生独立进行，教师的指导应体现在为学生创设情境、启迪思维、引导方向上面。引导学生自己去做，就必然出现学生经常不用讲授的或课本上现成的方法去解答问题的现象。解对了，当然好，说明学生对基本原理真的懂了。建构主义认为数学学习并不是简单的信息积累，它包含由于新旧经验的冲突而引发的观念转变和结构重组，学习过程是新旧经验反复的、双向的相互作用过程。由此可见，学习是一个主动建构的过程，学习者不是被动地吸收信息，而是主动地建构信息。这里的建构一方面是对新信息意义的建构，另一方面也包含对原有经验的改造或重组。学习者以自己的方式建构对事物的理解，因而世界上不存在唯一标准的理解，教师应允许学生在思考的过程中产生歧义。每个学习者并不是空着脑袋走进教室的，在日常生活和学习过程中已经形成了相当的经验，每个人都以自己的方式看待事物。因此，教学不能无视学生的这些经验，而是要把学生现有的知识经验作为新知识的增长点，引导学生从原有的知识经验中"生长"出新的知识经验，进而在知识的建构中不断提取正确的信息，使理解更加丰富和全面。例如，平面几何的角平分线性质定理的证明除了三角形相似、对应线段成比例证明以外，还可以应用等积法证明，这完全取决于新旧知识点的建构。

（2）建构主义的教学观。真正决定数学课堂的不是写在书上的观念与规定，而是和学生接触的教师。

建构主义的数学教学观同我国数学教育家积极倡导的"让学生通过自己思维来学习数学"内在本质是一致的。在一定意义上说，我们认为没有一个教师能够教数学，好的教师不是在教数学，而是能激发学生自己去学数学；好的教学也并非把数学内容解释清楚、阐述明白，事实上我们往往会发现在教室里除了自己以外，学生并未学懂数学。教师必须让学生自己研究数学，或者和学生一起"做数学"。教师应鼓励学生独立思考，并接受每个学生"做数学"的不同想法；教师应积极为学生创设问题解决的情境，让学生通过观察、试验、归纳、做出猜想、发现模式、得出结论并证明、推广等。只有当学生通过自己的思考建构起自己的数学理解力时，才能真正学好数学。例如教师在讲授勾股定理时，让学生通过对图形的割、补、拼、凑，发现直角三角形三边之间的数量关系，这样不仅使学生认识了勾股定理，熟悉了用面积割补法证明勾股定理的思想，而且更重要的是培养了学生的数学思维能力和自我探究的习惯，激发了学生学习数学的兴趣。作为教师要始终让学生参与并时刻自己调控，教师要站到学生的立场考虑问题。

在解决数学问题的学习中，教师要尽量通过问题的选择、提法和安排来激发学生，唤起他们的好胜心与创造力。问题的选择要在学生能力的"最近发展区"内，并设法使得提法新颖，让学生坐不住，欲解决问题。

（3）建构主义的学习观。在实际数学教学中，建构主义认为学生学习活动的本质是学习不应看成对于教师所授予的知识的被动接受，而是一个以学生已有的知识和经验为基础的、社会的建构过程。我们对学生"理解"或"消化"数学知识的真正含义获得了新的解释，"理解"并不是指学生弄清教师的本意，而是指学习者已有的知识和经验对教师所讲的内容重新加以解释、重新建构其意义。

建构主义认为，高中数学课堂应强调以学生为中心，认为学生是认知的主体，也是知识意义的主动建构者，学生的主体地位是任何人，包括教师都不能代替。教师只对学生的意义建构起帮助和促进作用，在课堂上教师应将问题情境还给学生，让学生在知识的合理建构中充分享受好的数学教育及其好的数学教育具有的生动内涵，不应让学生感到厌恶，而应让学生思维活跃且发现有趣的推导。

第一，强调以学生为中心。要在学习过程中充分发挥学生的主动性，要能体现出学生的首创精神，使学生体会知识建构的乐趣。要让学生有多种机会在不同的情境下去应用他们所学的知识，要让学生能根据自身行动的反馈信息来形成对客观事物的认识和解决实际问题的方案。

第二，强调"情境"对建构的重要作用。建构主义认为，学习总是与一定的社会文化背景即"情境"相联系的，在实际情境下进行学习，可以使学习者利用自己原有认知结构中的有关经验去同化和索引当前学习到的新知识，从而赋予新知识以某种意义。如果原有经验不能同化新知识，则要引起"顺应"过程，即对原有认知结构进行改造与重组。总而言之，通过"同化"与"顺应"才能达到对新知识意义的建构。在传统的课堂讲授中，由于不能提供实际情境所具有的生动性、丰富性，同化与顺应过程较难发生，因而将使学习者对知识的意义建构发生困难。

第三，强调"协作学习"对建构的关键作用。建构主义认为，学习者与周围环境的交互作用对于学习内容的理解（对知识意义的建构）起着关键性的作用，这是建构主义的核心概念之一。学生在教师的组织和引导下一起讨论和交流，共同建立起学习群体并成为其中的一员。在这样的群体中进行协商和辩论，通过这样的协作学习环境，学习者群体（包括教师和每位学生）的思维与智慧就可以被整个群体所共享，即整个学习群体共同完成对所学知识的建构。

（4）建构主义思想对数学学习的指导意义。

第一，建构主义强调主体的感知。既然数学学习是一个主动的建构过程，因此就必须突出学习者的主体作用。一切数学知识、技能和思想的获得都必须经过学习者主体感知、消化、改造，使之适合自己的数学认知结构，才能被理解与掌握。对学习者而言，应该充分利用教师指导的有利条件，但又不能以此为唯一的依靠。学习者应发挥自己的主观能动性，按照自己的实际方式去学习，才能获得最佳的效果。

第二，建构主义强调外部环境的制约和影响。要使数学学习学有所得，真正形成优良的认知结构，就必须有一个反思、交流、批判、检验、改进、发展的过程。因此，数学学习在一定程度上总要重复历史的主要过程，即重视人类对数学的建构过程。对学习者而言，不应满足自己的一己之见，而应重视与教师及其他学生的交流，通过交流实现再提高。

第三，建构主义强调学习是发展，也是改变观念。按照建构主义的看法，知识就是某种观念。因此，知识是无法传授的，传递的只是信息。学习者应该对这些信息做观念的分析与综合，进行有选择的加工与处理。认识与发展是一个不断发展与深化的过程。因此，学习者的认知结构也就有一个不断发展、不断建构的过程，这种在发展中学习、在学习中改变观念的观点，对指导数学学习是十分有利的。

2. 合作学习理论

合作学习是我国新一轮课程改革所倡导的一种重要的学习方式，小组合作学习是其基本形式。合作学习不仅是一种个体的学习行为，同时还是一种群体活动行为。合作学习理论本身就是起源于20世纪现代社会心理学的研究，从社会心理学角度有针对性地认识合作学习中的几种典型的个体行为很有现实理论指导意义，它有利于对合作学习中小组成员的行为与思想的变化形成更清晰的认识，以便采取更有利的措施。

（1）社会惰化效应。社会心理学把一个人在群体中工作不如单独一个人工作时更努力的倾向称为社会惰化效应。按课前预想，合作学习是"三个臭皮匠顶一个诸葛亮"，即整体效果大于部分之和的效果；但在合作学习中，往往能发现小组成员抱怨所分配的任务太多或不喜欢，习惯把困难推给其他成员，最终不能完成任务，造成整体小于部分效果的社会惰化效应。

第一，不公平感。人们常常习惯把自己付出的努力和所得的奖励与别人（或过去的自己）付出的努力和所得的奖励进行比较，如果比较证明是公平的、合理的，那么就会心情舒畅地继续努力工作；如果比较得出相反的结果，就会产生不公平感，影响其积极性的发挥。

第二，"责任分散"。所谓责任分散是指在与他人共同工作时，个人责任感下降，将工作推给别人去做的倾向。产生责任分散的原因是指向群体的责任压力在群体中分散开来，落到每一个人身上的责任就很少了。因此，人越多，责任分散得越厉害，个人的责任感越低，而减少人数会增强责任感。

（2）去个性化。去个性化是指个体在群体中可能失去自我认同感和责任感，失去自我控制，行为放肆，表现出单独时不会做出的行为。这种自我控制能力的下降，往往使得个别学生增加违规行为，责任感普遍淡化，干出平时不会做出的事情。许多研究报告指出，有些学生（特别是低年级学生）一旦合作学习时就会表现出不同程度的、平时并不多出现的异常兴奋现象。由于匿名作用和责任分散，让有些学生养成说话不负责任、行为较平时张扬的情况。

合作学习情境中的去个性化确实能导致消极作用，例如课堂小组合作活动中，乱哄哄的讨论看似激烈，但对解决问题却没有真正的意义，学生高谈阔论，可能会干扰其他小组的正常讨论。但同时应看到去个性化有时也可发挥比较积极的意义，因为从某种程度上理解去个性化是学生比较自由、比较投入地参与合作的表现，在这种状态中学生敢于自由想象、标新立异和创新，使个性获得发展。

（3）"搭便车效应"和"马太效应"。所谓"搭便车效应"是指在利益群体内，某个成员为了集团的利益所做的努力，集团内所有的人都有可能得益，但其成本则由这个人承担，这就是"搭便车效应"。在合作学习中，虽然全体小组成员客观上存在着共同的利益，但是从社会心理学的角度来看却容易形成"搭便车"的心理预期。个别学生活动时缺乏主动性，也有的学生表面上看似参与了活动，实际上却不动脑筋、不集中精力，活动中没有发挥应有的作用等"搭便车"现象。

产生"搭便车效应"的原因很多，首先是异质分组客观上使学生的动机、态度和个性有差异，其次许多学生没有完成合作技巧的培训，对于合作学习评价的"平均主义"，即只看集体成绩而不考虑个人成绩的做法等。

"搭便车效应"的危害非常大，在合作学习过程中如果更多地强调"合作规则"而忽视小组成员的个人需求，可能会使每个人都希望由别人承担风险，自己坐享其成。这会抑制小组成员为小组的利益而努力的动力，而且"搭便车"心理可能会削弱整个合作小组的创新能力、凝聚力、积极性等。

"马太效应"是指学习能力强的学生，发言机会就多，而发言机会愈多就能力愈强，学习能力弱者反之，造成优者越优、差者越差，两极分化。在小组合作学习中常常碰到这样的情况，能力较高的成员受到尊重并取得领导地位，而能力较低的成员则完全失去了合作学习的兴趣。

消除合作学习中"马太效应"的消极作用，要求我们努力实现评价的社会公平感。"马太效应"导致学生参与度不均衡的主要原因是学生的个人职责不明确，以及教师只关注小组的学习结果，不注意学习过程和个人的学习进步。所以在合作学习的评价中，教师不仅要关注学习结果，更要关注学习过程。教师还需要讲究评价策略，做到指导与激励相结合，对不同发展水平的学生有不同的要求，应关注每一位学生，特别是对小组中能力较差的学生更应关注他们的点滴进步。

（4）从众效应。从众效应是指在群体活动中，当个人与多数人的意见和行为不一致时，个人放弃自己的意见和行为，表现出与群体中多数人相一致的意见和行为方式的现象。从众也就是我们日常俗语中所说的"随大溜"。

学生需要的是具有积极意义的从众效应，反对的是消极的、盲目的从众效应。首先，合理组建合作学习小组；其次，必须坚持民主集中制，解除小组群体的压力，建立鼓励所有成员自由发挥自己不同意见的规则；最后，教师一定要注重培养学生独立思考的习惯，为学生创设思考问题的情境，注意答案的多样化，扩大学生的思维空间，提高学生的批判力。

二、信息技术促进高中数学教师专业化发展

信息技术的运用改变了传统的教学方式和学习方式，已成为教育发展必不可少的因

素，给教育的发展带来了生机和活力。信息技术对教育教学的发展起到了重要的作用，这就要求教师必须不断学习新的知识和技能，不断转变职业角色和职能，提高自身的专业素养，使教师面临着新的机遇和挑战，对教师专业化发展和信息素养提出新的要求。

在信息技术的环境下，教师是素质教育的实施者，作为教师必须具备与专业发展相适应的知识结构，要熟练掌握信息技术在课堂教学中的运用方法，教师必须不断更新和改造角色转换、专业技能和专业素养，要求教师掌握信息技术设备和信息资源，学会在网上熟练地查找教育信息，能够设计开发先进的教学资源，并将优秀的资源融入课堂教学中，为教育教学建构必要的、最佳的学习环境。

（一）信息技术支持下的专业化发展理念

随着我国经济和社会发展，未来教育发展的重点将更多地转向满足人们对高质量教育的要求。大力发展教育事业，建设一支数量充足、素质较高的专业化教师队伍是扎实推进素质教育、全面提高教育质量的关键。教师队伍建设的目标为教师专业发展提出了新的要求，一是提高实施素质教育的能力和水平是教师专业发展的核心要求，二是终身学习是教师专业发展的基本理念，三是实现角色的转变是教师专业发展的具体目标，四是教师专业发展要体现教师对育人的责任感的提升。因此，教师占有主导地位，是授导者、实施者，要充分利用信息技术与课程资源进行整合。教师的专业化发展是关键，必须关注教师群体的专业水平，促进教师个体的专业发展，实现教师教育的巨大进步。

近年来，教师专业发展成为教师专业化的主题，大家越来越清楚地认识到提高教师专业化地位的有效途径是不断促进教师的专业发展。此外，学校可以开设信息技术必修课和实施"校校通"工程的目标及任务，并强调信息技术与学科教学的融合。因此，信息技术得到了更快速的发展和运用，特别是教师在授导课程教学时所需的各种信息资源离不开多媒体、网络信息技术的发展。这就要求教师必须有丰富的教师专业化内涵，相应的信息技术技能，运用的方法、手段和能力，要求教师必须不断加强自身业务学习、不断提高职业道德修养、不断丰富专业知识、不断增长专业能力，以提高专业水平的生命历程。

在信息技术的不断更新和发展下，教师在课程改革的发展过程中要特别关注四方面：一是关注环境，将外在因素转化为自身的专业发展过程，提高自己的专业发展意识；二是关注自我，正确认识自己的专业程度，分析自己不同时期专业发展的主题，不断超越自我；三是关注生活，将自己的日常生活、专业生活和专业发展融合、统一；四是关注进步，在专业发展中释放自己生命的活力、享受专业发展的成功体验、巩固自己的专业热情。信息技术迅猛发展的时代，知识更新的速度成倍地加快，面对这样的现实，教师必须不断更新和深造自己的知识和技术，这就要求教师成为一名终身学习者，并以这种姿态影响学生。教师不仅要关注所教学科方面的知识，还要关注其他领域的最新成果和动态，关注信息技术资源的更新和运用，关注信息技术对课堂教学的影响、对学生学习成果的影响。

（二）信息技术环境下教师自身素养的提升

教育的迅猛发展要靠教师的专业化发展支撑。作为一名数学教师，对数学知识的容纳要有永不满足、永不自满的精神，及时主动地接纳和吸收新的各种知识，丰富自己的学识和情感、认真研究教学方法，及时总结教学经验、不断更新知识、改进教学方法和手段，使自己渊博的知识和全新的教育理念伴随着时代的步伐，在自己的课堂教学过程中得到更好的发挥。

中华人民共和国教育部在《基础教育课程改革纲要（试行）》中指出："大力推进信息技术在教学过程中的普遍应用，促进信息技术与学科课程的整合，逐步实现教学内容的呈现方式、学生的学习方式、教师的教学方式和师生互动方式的变革。"教师可以深切地感受到，信息技术是提升教师专业能力和素养的一个重要方面。从推进新课改和信息时代的要求出发，研究教师专业素养的结构，积极开展信息技术环境下提升教师学科专业素养的研究是提高教师专业能力、提升学校办学品位的有效途径，大力提倡和发展教育信息化，强调在信息技术环境下提升教师学科专业素养。教师在课堂教学过程中，不仅要充分利用自己的知识和技能，还要注意追踪信息技术资源的最新成果，注意了解信息社会和网络环境下师生在信息技术运用的变化，以提高教学效果。

在信息技术的环境下，教师充分应用信息技术，通过校本学习培训和实践探索，进一步开发和优化信息技术功能，实现学校教育、教学手段、模式的革命性变革，拓宽学校教育、教学的空间；促使广大教师转变教育理念，提高他们应用信息技术的能力与水平，更新他们的学习观念与教学模式，提高教育效率与质量，从而提升教师专业素养和能力，推动了教师实现专业化发展的过程，进一步明确信息技术对教师能力发展的要求；整体提高学校教师专业素养，打造一支名师队伍，进一步提高学校管理能力和办学品位，逐步培养一支运用信息技术进行教育教学、多媒体软件创意、创作及应用的骨干教师队伍。

因此，教师要有正确使用信息技术的意识和态度，能认识到信息时代有效获取及利用信息的重要性，确立有效利用信息进行终身学习的新观念，具有利用信息为个人和社会发展服务的愿望。教师要有一定的信息知识的技能，掌握信息技术基本知识，掌握常用软件工具的基本操作，掌握信息技术检索的主要策略与技巧，能够合法地检索并获取信息。教师还要能够进行信息技术的应用与创新，能够自觉开展信息技术与课程整合的实践活动。

（三）信息技术促进高中数学教师课堂教学运用

信息技术的发展给教育本身带来了较大的影响，新的信息教育媒体的出现引起了教育模式和教学方法的飞跃。教师利用信息技术与课程领域进行有效的整合，必须突破传统的教学模式、教学方法，熟练地掌握教师专业技能中的教学技巧和教学能力。在课堂教学过程中，教师利用信息技术授课时要熟练掌握好导入技巧、讲解技巧、教学媒体的运用技巧、变化技巧、强化技巧、结束技巧，这是信息技术在课堂教学中提高教学效率的重要保证。一名优秀的教师必须具有良好的教学能力，增强教师专业发展的意识，提高教师运用信息技术在课堂教学的教学能力。随着教学理念和学习理论的发展，教师的教学能力有了新的内涵。

在课堂教学时运用信息技术进行辅助教学能使教学变得直观、生动，能提高学习效率，特别是在课堂授课时，利用多媒体技术集文字、图形、图像、声音、动画等功能于一身，不受时空限制，直观、形象、生动，有较强的感染力。这就要求教师必须勤于耕耘、不断探索、不断创新，力所能及地利用信息技术为教学手段营造一种积极愉快而又富有智慧的教学情境，更好地将学生的情感与认知、感受与理解、动手与动脑、学习的主体与教师的主导有机地结合起来；对提高学生的学习兴趣，培养学生能力具有很强的优越性，促进了学生的发展。

教育发展的关键在教师，不断提高教师的业务素质，不断创造条件提高教师的信息素养，加强教师有效利用信息技术进行教学的终身学习。数学教学是一门专业，数学教师作为教育教学专业人员，要经历一个由不成熟到相对成熟的发展历程，而成熟是相对的，发展则是绝对的。数学教师必须沿着专业化的方向进行发展，可以把教师专业发展理解为教师不断成长、不断接受新知识、提高专业能力的过程，通过不断学习、反思和探究来拓宽专业内涵、提高专业水平，从而达到专业成熟的境界。特别是教师专业发展在信息技术环境下，通过改革创新使教育发展更加符合时代发展的潮流，注重在信息技术环境下提升教师专业发展，实现现代信息技术与学科课程整合，利用信息技术手段搭建符合教师个性发展规律的多样化平台。

三、信息技术中电子备课促进数学教师专业化发展

备课是教师的一项必不可少的工作。当教师走上三尺讲台就必然与备课结下了不解之缘。因为教师要想把课堂教学组织好、要想提高课堂教学效益，就要做好课前的充分准备，要做到不备课就不去上课，教师的备课是传统的手抄备课。随着社会的进步、人类的发展，现代化的办公手段逐步走入了教师的生活和工作中，网络的发展也使人类进入了一

个快速获取资源的时代，也把学校带入了一个新的历史时期。这样的时代在一定程度上促进了当前我国基础教育新课程的改革，为这一改革的推行和实施提供了前提条件。目前，全国大多数校园已经建立了自己的专用网络并与网络进行连接，也已建立了多媒体大教室、计算机机房，并逐步建立班班多媒体教室，多媒体教学已成为现实。

随着计算机技术及知识的不断普及、教师计算机水平的不断提高，为中学数学教师的专业化发展提供了广阔的天地，其中电子备课取代传统的纸质备课完全成为可能，成为教育教学改革新时期的前沿内容。学校应当与时俱进，把现代化的办公手段——电子备课纳入学校的教学中，将电子备课作为教育信息技术推进高中数学教师专业化发展的重要内容。

传统的备课方式主要是通过教师手写在纸质的备课本上，这一备课方式有很多的不足。教案的形成速度慢，形成后大幅修改耗时、收藏整理占用空间大、后期查阅不好找、不能大范围查阅等，尤其是高中数学教师备课的劳动量大，任务繁重。一个教学案例内容繁多、公式杂乱，立体图形、空间图形的手绘工程量大，导致高中数学教师在传统备课中与其他学科的教师相比要花费大量的时间和精力，而运用电子备课就能很好地克服这一系列缺点，极大地缩短高中数学教师的备课时间，既避免重复备课又继承了以往的经验成果，不仅有利于教案创新，还方便了数学教师之间的相互交流。具体而言，电子备课在高中数学教育教学中的作用有以下七方面：

第一，电子备课提高了备课的效率，解决了教学资源不足的问题。以前教师备课时都是拘泥于教材、受限于教参，总感觉资料太少、教学资源不足，总是收集老备课本加以复制且费时费力，稍有出错就得用笔修改且很不美观，严重时只能重新抄写，从而增加了教师的工作量，减少了教师真正用来备课上课的时间。这种传统的备课方式离不开纸笔，备课速度缓慢，沉重、烦琐的抄写令教师劳力伤神，已成为教学中极不受欢迎的一项机械工作，对于高中数学教师的专业化发展愈来愈起到抑制、阻碍的消极作用。电子设备可以随意修改，直到满意为止，并且可以设置自己想要的字体、颜色等；电子备课和上课的课件配套使用，还能让学生看到生动的画面、听到悦耳的声音，给学生以感官的认知，让他们留下深刻的印象等。

教师在轻松的氛围中很容易突出重点、难点，较为彻底地摆脱手工书写教案的种种苦恼，节省出来的大量时间可用于学习和研究专业知识，可用于课堂教学设计和情境的创设。此外，利用电子设备，中学数学教师还可以从浩如烟海的网络中撷取有利的教学资源并加以整合、汲取精华，因地制宜地制作各种教学课件，丰富教学内容；再加上通过网络和网上邻居进行资源共享，教师能很容易地得到其他教师的教学方案，这必然会开阔教师的备课思路，帮助教师更加准确地理解和把握教材，解决了教师备课中资源不足的问题，从而不断补充和完善教案，既方便又快捷，而且页面仍旧清晰美观，从而提高了备课的效率和质量。

第二，电子化备课拓宽了教师信息来源的渠道。数学教师可以利用计算机技术与网络技术很方便地找到自己所需要的资料和课件，使教师有更多的时间去钻研教材、教参的编排意图，思考课堂教学设计，辅导班级里的学生和准备其他的教学工作，为落实、提高教学质量提供了保证，这无形中促进了高中数学教师的专业化发展。

第三，电子教案形成后，便于整理收藏和查阅，提高了备课的效率。传统的手写备课笔记一本本地保存起来很占用空间，翻阅时又显得麻烦。教师可以通过电脑将备好的课件归类整理，今后如要查看，只需要轻敲键盘，资料便立刻显现于眼前，很是方便。通过电子备课，教师可以把平时接收到的教学资源、课件和信息，通过快捷的下载、复制和输入功能，及时收藏到原来的教学设计中，教师可以通过电脑将备好的课件归类整理、长期保存。复习时将保存的资料拿出来修改、补充和完善，再次利用时会非常方便。另外，资源存放不受时间、空间的限制，也使学校及教师建立自己的资料库、试题库成为可能，从而充实了备课资源，并为今后的检索和再现提供了条件。这些无疑成为高中数学教师专业化发展的必经之路。

第四，电子备课能大范围地传阅、交流。教师与教师之间的备课内容无法直接共享，导致信息孤立封闭，教案交流极不方便，尤其是年轻教师，他们在教学中存在的许多问题都源自备课时的不充分，这种"单枪匹马"的备课方式需要改革，纳入合作交流、沟通分享的备课平台。电子教案能在校园网内和校园网外，能在教师博客、全国教师论坛等网络上与各地的教师交流、探讨。此外，在学校教师还可以进入同事的备课室，取人之长，补己之短，相互提高。"电子备课由于能充分发挥教师的创造力和想象力，加之图文并茂，生趣盎然，因而更具有大范围传阅、交流的潜力"①，这无疑又促进了数学教师的专业化发展。

第五，电子备课能提高教师的备课热情，促进教师的专业化发展。电子备课使教师因高效而高兴，学生因利用网上资源在多媒体教室上课而兴奋。高中数学教师在网上筛选优质的教学案例、影像、课堂练习等教学资源，通过相应的程序，制作成生动形象的多媒体课件，以及适合自己教学风格的教案。在教学时，不但能使学生明白公式的原理，还能增加教学内容的深度和广度，从而提高了教学效率和教学效果，教师和学生因此提高了对教和学的兴趣，而兴趣是最好的老师，高中数学教师由于使用电子备课带来的教学上的兴

---

① 杨维海．高中数学课程与信息技术的整合［M］．北京：光明日报出版社，2018：245.

趣，反之又促进了自身的专业化发展。

第六，有利于教研组的成长和发展。数学教师集体网上备课，操作简便易学，因此数学教师可以投入更多的精力深入钻研，精心设计课堂教学，这既提高了教研效率，又引领了全员参与。这样的备课是开放式的、论坛式的、互动式的，更是共享式的，方便了教师相互探讨学习、切磋借鉴，是一种无形的交流，浓郁了教研氛围，促进了组内研究的深入开展，在提升备课质量的同时也相应地促进了高中数学教师的专业化发展。

第七，电子备课规范了学校的常规化管理。备课管理无疑是学校教学常规管理的重要组成部分，教导处每月的教师检查，纸质教案量大、笨重，查阅甚为不便，费时耗力，效果不佳，也没有促进教师去备好教案，一些教师的所为只是为了应付检查。而采用电子备课，检查者只需要打开电脑，全体教师的电子教案便一目了然，检查省时、轻松、出成效，教导处也能腾出更多的精力去督促教师做好电子教案，从而整体上提高了全体教师的教学效率，因此也推进了高中数学教师的专业化发展。

如今，现代教育科学技术的成果不断地深入教育领域，已使教师教育思想、教育内容、工作形式、方法和手段发生了很大的变化。在网络技术高速发展的背景下，充分利用教育信息技术和网络资源，加强教学信息技术与数学学科的整合，使高中数学教学工作走向高效，让高中数学教师的专业化得到长足的发展。

第二节　信息技术在高中数学教学中的有效应用

以多媒体技术和网络技术为核心的信息技术，正在以排山倒海之势冲击着整个教育界，这不仅是教学方法与手段的变革，对教育观念、教育思想、教育内容、教育理论及教育模式都将引起更深层次的变革，信息技术与学科整合成了教学改革的一个突破口。

大力推进信息技术在教学过程中的普遍应用，促进信息技术与学科课程的整合，逐步促进教学内容的呈现方式、学生的学习方式、教师的教学方式和师生互动方式的变革，充分发挥信息技术的优势，为学生的学习和发展提供良好的教育环境和有力的学习工具，是我国教育课程改革的基本要求。如何适应教育环境的这种深刻变化，如何最有效地使用信息技术以提高教学质量，研究信息技术与学科教学的整合问题，就成为广大教育工作者迫切研究的问题。此外，由于数学学科自身的特点，似乎就决定了其枯燥性和单调性。而随着教育教学改革的不断深入，特别是《高中数学课程标准》的实施，对数学课堂教学提出了新的要求，所以我们必须努力改进教学手段和教学方法。站在教学第一线的数学教师，完全有必要重新认识教学过程。

信息技术手段介入数学教学之后，给教师创造性的教学提供了新的发展空间，对丰富和改进学生学习方式提供了技术支持和可行平台。教师运用现代信息技术对教学活动进行创造性的设计，发挥计算机辅助教学的特有功能，把信息技术和数学教学的学科特点结合起来，可以使教学的表现形式更加形象化、多样化、视觉化，有利于充分揭示数学概念的形成与发展、数学思维的过程和实质，展示数学思维的形成过程，使数学课堂教学取得事半功倍的效果。

一、信息技术在高中数学教学中有效应用的要素

信息技术辅助数学教学过程主要包括四个要素，即教师、学生、教材和多媒体。四要素相互联系，相互制约，形成了一个有机的整体。为达到令人满意的教学效果，必须正确处理四个要素之间的关系。根据皮亚杰的建构主义学习理论，教师是教学过程中的组织者、指导者和知识意义建构的帮助者、促进者，而不是主动施教的知识灌输者；学生是知识意义的主动建构者，而不是外界刺激的被动接受者、知识灌输的对象；教材中所提供的知识是学生主动建构的对象，而不是教师向学生灌输的内容；多媒体是创设学习的情境和让学生主动学习、协作、探索和完成知识意义建构的认知工具，而不是教师向学生灌输知识所使用的手段和方法。只有处理好这四个要素之间的关系，才能正确定位信息技术在高中数学教学中的地位和作用。由此看来，信息技术在数学课堂教学中的应用还应遵循一定的原则。

二、信息技术在高中数学教学中有效应用的原则

（一）遵循有利于激发学生的学习兴趣的原则

"兴趣是最好的老师"，有良好的兴趣就有良好的学习动机，但不是每个学生都具有良好的学习数学的兴趣。"好奇"是学生的天性，他们对新颖的事物、知道而没有见过的事物都感兴趣，要激发学生学习数学的积极性，就必须满足他们的这些需求。而传统的教学和现在的许多教学都是严格按照教学大纲，把学生封闭在枯燥的教材和单调的课堂内，使他们与其他丰富的资源、现实完全隔离，致使学生学习数学的兴趣日益衰减。将信息技术融于课堂教学，利用信息技术图文并茂、声像并举、能动会变、形象直观的特点为学生创设各种情境，激起学生各种感官的参与，调动学生强烈的学习欲望、激发动机和唤起兴趣。所以，在数学教学中教师可以有意识地利用信息技术创设问题情境，让学生在一定的情境之中更充分地调动各种感知器官，去感受知识，使学生的兴趣得以提高。

（二）遵循有利于帮助学生进行探索和发现的原则

信息技术的融入使教学模式从教师讲授为主转为学生自主动脑、动手研究为主。如果把数学课堂转变为"数学实验课"，学生通过自己的活动得出结论，会起到事半功倍的效果。因此，教师在教学活动中创设合理的情境就是组织课堂教学的核心。现代信息技术（如数学教学软件等）的应用为我们提供了强大的情境资源，通过信息技术创设情境所产生的作用是传统教学手段无法比拟的。

（三）遵循有利于帮助学生理解所学知识点的原则

信息技术可以拓展学生的思维，帮助学生更高效地学习。它能够展示知识的形成发展过程，能够化抽象为具体、化静为动。学生可以达到传统途径下无法实现的领悟层次，不仅使学生的逻辑思维能力、空间想象能力得到更好的训练，而且还有效地培养了学生的发散思维和直觉思维。例如，在"曲边梯形的面积"一节的教学中，定积分的方法和极限的思想是学生学习的难点。教学中教师设计了课件"曲边梯形的面积"，求函数与围成的曲边梯形的面积。课件设计思路如下：构建参数，将区间分成等分；在每一等份上用矩形的面积代替小曲边梯形的面积；求这些小矩形的面积之和；演示课件，让参数变化，观察矩形面积之和的变化。课件用形象直观的方式展示了定积分的"分割、近似代替、求和、取极限"这一高深的数学思想和方法。

（四）遵循有利于帮助学生获取知识和经验的原则

"数学是思维的体操"，数学有助于培养学生的思维能力和创新能力，而且是其他学科无法比拟的。例如，对学生的空间想象能力、抽象能力、概括能力和推理论证能力的培养等。但培养这些能力必须以一定的数学知识和数学模型为载体，通过对它们的研究起到举一反三、触类旁通的作用。而信息技术又可以简单地将研究过程中碰到的难以呈现的内容形象地、具体地展现在学生眼前，从而起到更好的效果。

1. 信息技术在立体几何中的应用

立体几何的最终教学目标是发展学生的空间想象能力，培养学生的空间观念。而空间想象能力的本质所在就是使学生在脱离了几何图形和实物模型之后，仍能借助其表面现象来分析问题、解决问题，进而提高学生关于几何图形的抽象思维能力。因此，计算机相关软件还应当发挥自己的独特优势，利用各种信息技术逐渐提高学生的抽象思维，使学生能够借助原有的几何图像和图形的表面现象，用几何体的立体形态处理问题。

多媒体课件中的图形首先由多变少，由动逐渐变静，然后颜色逐渐由鲜艳变为单一，最后图像和图形渐渐地由清晰变为模糊，直至消失。其中，数学符号和公式的演算将慢慢地取代几何图形的操作，这样立体的图形消失了，由此建立起来的框架留在了学生的大脑中，学生由习惯的直观思维慢慢地过渡到了抽象思维。教师利用这种方法尝试了平行六面体的教学，结果大多数的学生不但能将空间平行六面体的几何图形掌握得很扎实，而且还能记住平行六面体不同位置的截面图形和性质，遇到与平行六面体相似问题的时候能轻松地提取记忆中的相关知识来分析和解决问题。

另外，在立体几何教学过程中引入信息技术，用多媒体辅助教学将图形动起来，可以使图形中各元素之间的位置关系和度量关系惟妙惟肖，使学生从各个不同角度去观察图形，从头脑中对图形有了深刻的印象，从而培养他们的想象力和创造力，课堂效率也将逐渐提高。

2. 信息技术在解析几何中的应用

在解析几何中，圆锥曲线及常见图形在数学和其他科学技术领域中都有极广泛的应用。当平面与圆锥面的轴线所成角度发生变化时，获得不同的截线，即椭圆、抛物线、双曲线。在引入圆锥曲线概念时，为让学生更清楚地看清圆锥曲线的区别和联系，教师用(flash 动画演示，让平面与圆锥面的轴线所成角度发生变化，让学生观察所截曲线形状的变化，进而使学生得出"在每个取值范围内所得的曲线是何种曲线"的结论。借助多媒体手段，使学生对圆锥曲线的形状及性质有了更深的理解。而在椭圆定义时，在平面上取两点 F1 和 F2，把一条长度为定值且大于的细线两端固定在 F1、F2 两点，用笔尖把细线拉紧，并使笔尖在平面内慢慢移动，用动画演示整个过程，使学生清楚地看到一个椭圆形成的过程，由此得出椭圆的定义。双曲线的定义、抛物线定义也可用类似的方法得出，此过程还可由学生操作，以提高他们对这部分知识学习的兴趣，使他们对圆锥曲线的定义及性质了如指掌。

例如，在讲直线与圆锥曲线的位置关系时，有这样一个例题。已知点和抛物线，求过点且与抛物线相切的直线的方程。在讲此题时，可用动画演示，直线绕定点旋转，让学生观察直线和抛物线的位置关系，当转到相切位置时不再旋转。学生很容易得到这样一个结论，与抛物线相切且过点的直线有两条，其中一条无斜率，进而设出直线方程并与抛物线方程联立，得出直线的方程。由此可见，展示几何图形变形与运动的整体过程，在解析几何的教学中是非常重要的。这样，信息技术在解析几何教学中充分显示了它的优越性，因为它能做出各种形式的方程曲线，能对动态的对象进行"追踪"并显示该对象的轨迹，能通过拖动某一点或线，观察整个图形的变化来研究两个或两个以上曲线的位置关系。总之在解析几何的教学中，恰当地运用信息技术可提高课堂效率。

3. 信息技术让函数真的"运动变化"

函数是中学数学中最基本、最重要的概念，它的概念和思维方法渗透在高中数学的各个部分，同时函数是运动变化的，是对现实世界数量关系的一种刻画，这又决定了它是对学生进行素质教育的重要材料。例如，三次函数是一种比较重要的函数，在讲解"三次函数的图像和性质的应用"这一专题时，用"几何画板"制作课件，分别做出三次函数与其导函数的图像，引导学生观察图像的变化，使导函数的图像由在轴上方到与轴相切，再到与轴相交。通过观察引导，学生就非常清楚地领会了三次函数与其导函数的图像只有六种情形，进而轻松地总结出了三次函数的基本性质。

（五）遵循有利于转变教师的教育观念的原则

时代的发展既要求竞争者提高自身素质，也要求学校教育走在发展的最前端。学校教育的发展方向又要求教师更新教学手段，教学手段的更新主要受教育观念的支配，所以我们首先要转变教育观念，真正把信息技术运用到教学中来，把信息技术作为辅助教学的工具，充分发挥信息技术在学生自主学习、主动探索、合作交流等方面的优势，实现教师角色的转变。

教师在备课的过程中，需要查阅大量的相关资料，但庞大的书库也只有有限的资源，况且教师还要一本一本地找、一页一页地翻，这个过程耗费了教师大量的时间。互联网为教师提供了无穷无尽的教学资源，为广大教师开展教学活动开辟了一条捷径，只要在地址栏中输入网址，就可以在很短的时间内通过下载获取自己所需要的资料，节省了教师的备课时间。

当然，教师所设计的课件既要为教师的教学提供方便，又要为教师教学设想的实现产生积极的作用。积件式的多媒体课件是由教师和学生根据教学内容的需求，自己组合教学策略和教学信息的工作平台。将多媒体教材开发成素材库和教学模式库并通过适当的教学平台去实现，每个教师只需了解生成课件的一般方法，就可以根据教学特点、理论、内容、经验和学生的实际学习情况对教学模式库和素材库进行选择，最终生成课件，在运用此种教学方法时，教师的主导作用显得尤为重要，教师所发挥的价值也更容易由以前的如何"教"转换为如何辅助学生"学"，使得学生在课堂的学习主体地位更加突出。在数学教学中，运用多媒体教学可以更好地普及"计算机辅助教学"这种教学方法，进而减轻教师的工作量，把精力放在组织课件、制订计划、教学理论和研究教学体系等方面。

随着计算机软件技术的飞速发展，大量的练习型软件和计算机辅助测验软件的出现让学生在练习和测验中巩固、熟练所学的知识，找到下一步学习的方向，实现了个别辅导式教学。在此层次上，计算机软件实现了教师职能的部分代替，如出题、评定等，减轻了教师的负担。因此，教学的发生对技术有较强的依赖性，而作为教学辅助工具的信息技术的功能就体现出来了。

远程教育网校的建立，给教育工作者创建了一个较大的交流空间，各地各级的优秀教师云集在这个空间中，他们为工作在教学第一线的教师提供了取之不尽、用之不竭的教学资源。另外，教师在教学过程中应用信息技术和计算机辅助教学软件，要求教师有相当的计算机使用技能，计算机使用技能的高低是评价新一代个人文化素质的标准。计算机信息技术的飞速发展对每个人提出了新的要求，作为教师，更应该积极地推动计算机信息技术的发展，将信息技术用于教学课堂，这样利人又利己。

（六）遵循有利于教师合理实施教学过程的原则

教师应该根据"数学"这一学科的特点、课堂内容，综合运用多种教学手段、多种媒体技术及新颖的上课方式等来实施教学过程。

1. 科学使用信息技术

媒体出示的时机要恰当，信息采集的空间要合理。太早或滞后应用课件都会冲淡课堂教学气氛，影响教学秩序和教学效果，影响学生的思路，不利于学生的学习。多媒体在课堂上的运用确实能使知识由抽象变直观，使上课氛围变得更加生动。但我们也不能过分地依赖媒体，如教学中过分地强化声音、图像等媒体的作用，有可能忽视学生的个性发展，使学生的思维力、想象力受到压抑。

2. 合理采取多向互动式的教学组织形式

所谓多向互动是指生生之间、师生之间的互动，而网络在这方面具有明显的优势，教师在课前可通过聊天程序等途径了解学生的学习情况，给学生布置课前作业，将电子教案传送给学生，使学生对本堂课要讲授的课程有一个预先了解。在网络课上，教师可以用电子邮件发布部分课堂任务，学生用在线聊天进行课堂交流，并以电子邮件的形式提交课堂作业。由于网络有先进的实时交流技术，它为各个使用者提供了一个平等交流的机会。网络教学使交互式学习成为可能，为他们创设了一种相互交流、信息共享、合作学习的环境。网络教学使师生之间在教学中以一种交互的方式呈现信息，学生在网络中不仅接受，同时也在表达，教师可以根据学生的反馈情况调整教学，学生可以与教师发生交互作用，向其提出问题、请求指导，并且发表自己的看法。学生之间也可发生这种交互作用，从而有利于发挥小组学习的作用，进行协同式学习。这种交互式的教学加强了师生和学生间的交流，对提高教学质量和优化学习效果产生了积极的作用。

但利用网络条件下的交互模式也不是万能的，不可以完全依赖网络。例如，对部分学生而言通过网络来进行交流的交流技术，他们的水平是参差不齐的，特别是对于计算机水平普及不高的地区，师生间通过网络交流或许还会影响教学效率。例如，一些数学公式、定理的推导过程是与教师的讲授分不开的，而网络是不能达到这种声情并茂的效果的，现阶段的交流技术对这些信息的传输也是力不从心的。此外，网络教学的课堂教学秩序是难以解决的问题。

所以，在运用信息技术教学手段时，传统教学中的情感交流和师生对话务必要坚持。课堂教学是一个多变的活动，在传统教学的讲解活动中教师的手势、启发、提问、语调、表情等都在向学生传递着各种信息，通过听、看、学、想、问、答等形式，学生和教师进行知识和情感的交流，其中有许多是计算机根本无法实现的，也无法替代的。因此，在运用计算机辅助教学时，固有的师生交流方式也应强化和坚持，不可以被多媒体教学所取代。

总而言之，无论在信息技术的使用方面，还是在教学的组织形式方面，都要合理。

总体而言，信息技术的使用只是教学的手段之一，并不是教学的目的，其目的是更好地使学生理解数学的本质。信息技术与高中数学教学整合必须落实素质教育、创新教育理念，必须适应以学生为中心的教学模式，以上原则充分反映了这一要求，我们要在运用各种教学模式进行实际教学时把握和贯彻好这些原则。合理地使用信息技术确实能提高课堂的效率，所以我们要在今后的教学中不断地实践、不断地积累经验，掌握信息技术应用的方法，把握信息技术应用的原则，真正实现教师在教学中角色的转变，充分调动学生的积极性，使学生成为知识的发现者，努力做到信息技术与数学教学的有效整合，达到信息技术在高中数学教学中有效运用的最高境界。

第三节　基于教育云平台的高中数学课堂教学实践

在互联网时代背景下，与其他教学形式相比，教育云平台有着巨大的教学优势，既可以为学生提供更多的学习资源，直观地展示学习内容，也可以让学生在该平台上与他人进行交流，进而激发学生的探究意识。由此可见，在高中数学课堂教学实践中应该合理使用教育云平台。

随着互联网技术、云技术、大数据技术的不断发展，教育云平台应运而生，其中包含大量的教学资源，也为学生提供了交流探讨的平台。"将教育云平台合理应用于课堂教学中，既可以起到活跃课堂的作用，提高学生学习的积极性，也可以让学生真正成为课堂教学主体，在合作探究与互动交流的基础上，更透彻地理解数学知识"①。

一、基于教育云平台高中数学课堂教学实践的策略

（一）借助云平台资源，提升课堂生动性

教育云平台融合了多种先进技术，其中不仅包含高中数学课本中的知识点，也包含其他教学资源。因此，高中数学教师可以借助云平台中所包含的数学教学资源，根据学生对数学知识的掌握情况及理解能力，合理地为学生呈现出相关教学资源，营造出生动、活跃的课堂教学氛围，促使学生可以更有效地融入高中数学课堂中。

第一，高中数学教师在课堂教学前，须全面做好教学备课工作，此时应确定本节课的教学目标、学生必须掌握哪些知识、学生对哪些知识只要达到认识程度即可，并基于以往教学经验，找出学生融入时易出现问题之处。

第二，教师应借助云平台，搜集与该节课有关的数学知识，可以从哪位数学家提出了本节课的数学概念入手，罗列出相关学者在研究本节课知识过程中发生的故事。通过引入一些趣味性故事，激发学生的学习兴趣，促使学生可以根据云平台中的资源进行课堂探讨，使课堂氛围更加活跃，学生的学习积极性更高。

（二）利用教育云平台，完善教学内容

教育云平台中包含多方面内容，高中数学教师既可以利用云平台活跃课堂氛围，也可以利用云平台丰富教学内容，让学生掌握更多的知识。但是在该过程中，教师应遵循以下原则：

第一，以学生为主原则。以学生为主原则是指教师在丰富教学内容时，必须考虑到学生当前的学习状态、对该方面知识的需求情况及数学整体学习效果，若对于班级中大多数学生而言，该方面的知识难度较大，教师则要慎重引入。

第二，以高中整体课程标准为主的原则。在引入教学内容时，教师应思考学生后期是否会学习到该方面知识，若学生后期会学习到，则可以渗透一些难度较小的知识。

第三，以趣味性知识为主的原则。这样可以起到激发学生学习兴趣，让学生感受到数学魅力与数学活力的重要作用。例如，在讲授"空间几何体"一课时，由于大多数学生对

---

① 李丽．基于教育云平台的高中数学课堂教学实践探索［J］．中国教育技术装备，2018（5）：47.

立体几何知识更感兴趣，且学生后期也会学习该方面的知识，因此，教师就可以利用教育云平台，搜集一些书本上尚未体现的几何体，并使用"多媒体"这一教学手段从不同角度为学生呈现出相关图片，最终为学生确定一个角度让其绘制该空间几何体的三视图，让学生可以进行动手操作。通过该种形式开展课堂教学，既可以起到丰富教学内容的作用，也会达到培养学生数学思维、提高学生数学知识应用能力的目的。

（三）引导学生借助网络，进行探索式学习

在任何一个阶段，学生都占据着学习主体的重要位置。为了使学生可以更主动地学习数学知识，教师应引导学生利用网络，在云平台上进行探索式学习。探索式学习主要会经过以下阶段：

第一，提出问题阶段。提出问题阶段是指教师应在分析本节课教学内容的基础上，根据课堂教学目标以及学生学习任务，为学生提出相应的问题。

第二，分析问题阶段。分析问题阶段是探索式学习的主要阶段，也是学生体现自身主体地位的重要阶段。此时学生应根据教材资料及云平台中的资源，合理分析与收集相关内容，以解决教师所提出的问题。

第三，讨论阶段。在讨论阶段中需要教师与学生进行共同探讨，让教师了解学生分析思维，也让学生掌握正确的分析思路，增强后期探索效果。

第四，综合解决问题阶段。在激烈探讨后，每一名学生都要确定正确的答案，并总结自己在该过程中得到了哪些收获。学生通过探索式学习，势必会达到更理想的自主学习状态。

例如，在为学生讲授"平面向量"一课后，为了培养学生的探究能力与分析能力，教师可以让学生借助教育云平台，搜集平面向量知识在物理力学方面的使用，让学生认识到数学知识的重要之处，并使得学生认识到各科知识之间的联系，在自主探究后找出平面向量线性运算方法，透彻理解并掌握该方面知识。

（四）以小组合作方式，运用云平台进行探究

在高中数学教学中，不仅要培养学生的自主探究能力，也要培养学生合作分析能力。因此，高中数学教师需要引导学生以小组合作方式来利用云平台进行探究。首先，教师应为学生讲授合作探究要点，如何利用云平台记录合作探究成果，并让学生自愿选择出小组组长，使本次合作探究效果更加理想；其次，教师应注重学生在云平台上的反馈内容，适当地帮助学习小组解决问题；最后，教师应让小组组长做代表，利用教育云平台总结出自己小组探究所得出的结果，并基于小组探究结果与学生分析效果开展评价工作。

例如，在教学"圆锥曲线与方程"一章后，为了培养学生团结意识与合作探究能力，高中数学教师可以让学生利用云平台分别收集椭圆、双曲线、抛物线等方面的知识，并在合作探究的基础上掌握不同曲线的不同方程。由于学生进行了合作探究，因此对"圆锥曲线与方程"知识产生更深刻的印象。

二、基于教育云平台高中数学课堂教学实践的注意要点

（一）加强培养学生自主探究意识

高中数学教学的主要目的是提升学生的数学水平，培养学生的数学思维与主动探究意识。因此，为了真正实现素质教育，高中数学教师在采用上述课堂实践策略的基础上，应该更加重视学生的自主探究情况，这就要求教师基于云平台开展高中数学课堂教学实践时，应做好以下工作：

第一，为学生留出足够的自主探究时间。虽然学生也可以在教师的引导下利用课后时间进行自主探究，但课后自主探究的效果远远没有课堂自主探究效果理想，且学生在课堂中进行自主探究时发现的问题均可以向教师请教，因而必须为学生留出自主探究的时间。

第二，加强对学生的引导。虽然学生是自主探究主体，但是由于尚未形成良好的自主探究习惯，导致其在自主探究时常常找不到起点，此时会打消学生自主探究的积极性，不利于学生发展与学习。因此，教师需要基于学生的反应，对他们进行合理指导，保证每一名学生都能够全身心地投入自主探究。

第三，促使学生进行深入探究。部分学生在自主探究的过程中会出现浅尝辄止的现象，在学习知识时也更倾向于"拿来主义"。因此，高中数学教师应让学生拥有更强的自主探究意识，通过设置问题等方式促使学生深入探究。

（二）借助云平台的同时，重视传统教具的作用

从教学手段的角度考虑，教育云平台是一种新型的教学手段，虽然借助该种教学手段时课堂氛围会更加活跃，学生学习的积极性也会更高，但是云平台中包含的资源相对较多，学生在查找与选择过程中会受到众多因素的影响。因此，高中数学教师在课堂教学中借助云平台的同时，切忌忽视传统教具的作用。此外，教师在以下情况时可以使用传统教具：

第一，教学知识相对简单，并不需要耗费较多的课堂教学时间时，教师就可以提前准备好教具，这样既有利于学生从网络世界中转移到现实世界中，也有利于缩短利用云平台查找相关知识的时间，进而促使课堂教学效率得到提升。

第二，在学生对云平台所呈现的知识并不十分理解时，为了让他们理解该章节的知识，教师就需要将云平台与传统教具结合起来，有效地利用黑板、粉笔、挂图等教具为学生分析知识，引导班级学生与自己共同探究知识，让学生在"慢动作"中逐渐理解相关知识。

第三，在学生需要观看三维模型进行学习时。由于数学知识本身抽象性更强，且利用云平台呈现知识的速度更快，学生会出现思维跟不上课堂教学进程的情况。针对难度较大的数学知识，教师应为学生提供真实的三维模型。

第四节 多种信息技术助力高中数学教学的实践研究

高中教育教学事业的发展是当下社会比较关注的一个内容，这主要是因为高中是学生的一个重要阶段，事关高考，因此无论教师还是家长都比较重视高中教育教学事业的发展。对于高中数学而言，因为其自身具有很大的难度，并且部分学生的数学基础也是比较薄弱的，所以教师在教学的过程中一定要注重提升学生的学习兴趣和学习效率、提升学生的数学学习水平和能力。随着信息技术的不断发展，在高中数学教学过程中会采取相应的信息技术手段来帮助其教学事业的迅速发展，并加速学生对相关数学知识的理解。信息技术作为高中阶段数学学科教学的辅助手段，可以有效地吸引学生的注意力，激发学生的数学学习兴趣，提高高中数学课堂的质量和效率。

多种信息技术在高中数学教育教学实践中主要有以下应用策略：

一、采用微课教学，优化高中数学教育教学的内容和模式

微课教学是现代化信息技术教学方式中的一种，它主要能够为学生提供大量的教学资源和教学内容，避免了学生因时间或者空间而导致的学习进度跟不上的状况。多媒体技术可以记录教师的教学过程，进而帮助教师进行课程的改编，可以进行自我的课程反思从而提高自身的教学能力。教师可以利用多媒体技术给学生进行知识总结，根据学生的情况调整自身教学以适应学生学习，这样可以优化教学模式。目前，微课教学已经成为当下教学方法中比较重要的一种。在数学教学过程中，由于其自身教学内容和模式的单一性，使得整个数学课堂教学质量有待提升。"随着信息技术的快速发展，微课教学模式应运而生，它可以根据学生对数学内容和数学体系的搜索来呈现出相应的教学视频，让学生通过观看

视频的方式来解决自己在高中数学学习过程中产生的问题"①。因此，对于高中生而言，通过微课教学的方式不仅可以加快学生对高中数学知识的理解，还可以为学生提供更加丰富和宝贵的教学资源和教学内容，多媒体教学中丰富的教学资源满足了学生的求知欲望和个性化学习需求，教师要不断提高学生的学习能力，从而有效地提升学生学习数学知识的兴趣。

二、打造线上课堂小程序，对学生进行针对性教学

线上课堂小程序主要是为了解决学生的个性化发展需求，在高中阶段很多学生其自身的个性化需求是不同的，对于数学知识的学习兴趣也是不同的。对于部分学生而言，他们对于空间几何内容特别感兴趣，但是对于函数问题就不是很感兴趣，在函数的学习中也往往学不好，所以为了有效解决这种现象，教师开始打造线上课堂小程序，通过使用小程序来对学生的学习情况进行了解和分析。这些小程序可以帮助学生进行预习，了解本节课数学学习的基础知识，学生可以把预习过程当中的问题集中整理出来，上课的时候与同学、教师共同探究、发现解决问题的办法。根据不同学生之间的需求来进行有针对性的教学和训练，可以锻炼学生的一题多解思路。多媒体教学打开了学生的视野和思路，培养了学生的发散思维和创新意识，教师在教学过程当中要尊重学生的想法，让学生敢于发表自己的观点，畅所欲言。教师进行适当的点拨、纠正，从而帮助学生提升其数学基础能力，并在整个过程中要注重学生的个性化发展需求，提升学生对高中数学知识的学习和理解。例如，以湖南教育出版社高中必修二中的"任意角的三角函数"为例，在教学中发现有很多学生对于函数知识的了解非常的少，其函数知识基础比较薄弱，遇到关于函数相关问题时这部分学生选择的是逃避，而不是如何有效快速地去解决函数问题。因此，为了解决这种问题，教师开始创建和打造线上课堂小程序，给学生设计预习的任务，帮助学生更好地进行学习探究，引导学生循序渐进地掌握数学知识，提高学生学习数学的水平，让学生将关于"函数"这一内容的知识点进行学习，整个小程序中可以采用闯关游戏的方式来进行设计，如在线上小程序上可以将入门关设计成与任意的三角函数相关的一些理论知识，然后学生进行作答闯关。对于有难度的等级，教师可以将如何去求任意角的三角函数设计成闯关问题来让学生进行闯关，而学生在游戏闯关的过程中既加强了对"任意角的三角函数"这一内容的学习和认知，还有效地通过闯关来提升学生的基础知识能力。

---

① 马秀萍．多种信息技术助力高中数学教育教学的实践研究［J］．数理化解题研究，2022（27）：63.

三、采用多媒体技术优化教学方法，提高学生的学习兴趣

多媒体技术是当下高中教学过程中比较常见的一种教学方法，它可以为学生的学习创设相应的学习氛围，还可以促进教师对自己的教学模式和教学内容进行优化，从而有效地提升学生学习高中数学的兴趣。随着信息技术的不断发展和多媒体技术在教学中的普及，越来越多的教师开始通过学习多媒体技术中的功能来对自己的教学计划和教学内容进行优化，并采取一些特殊的技能为整个课堂教学营造一定的氛围，然后将学生的思维带入课堂中，从而有效地提升学生的学习兴趣和能力。

例如，以湖南教育出版社高中数学必修二中的"两角和与差的三角函数"为例，教师在教授这一内容时可以先借助多媒体信息技术对两角和与差的三角函数内容进行搜集和整理，找一些讲解得比较直观、简单的视频进行播放，最好是找一些比较轻松的视频，通过轻松、简单、直观的教学视频既可以吸引学生的目光，还可以让学生在观看视频的过程中对这一内容的概念、应用、计算、求解进行学习和掌握，并且能够让学生积极地进行思考，让他们在看视频和思考的过程中找到学习"两角和与差的三角函数"这一内容的乐趣，从而有效地提升学生的学习兴趣。

四、运用微信群，家校共同助力培养学生的数学思维

微信群是教师与家长建立关系和沟通的一种信息技术方式，教师可以借助微信群让家长对自己家学生的学习状况进行了解，并积极与教师进行沟通，同时教师也可以通过微信群积极地了解学生的生活状况和思考能力，并且在微信群的交流过程中还可以与家长之间相互商量，共同来帮助学生培养其数学思维能力。微信群的创立还可以使教师进一步了解学生在家作业的环境，为学生在家独立完成作业提供好的条件。微信群中家长与教师的沟通增加，家长教育孩子的责任感增强，可以促进教师课堂水平的提升，有利于学生主动学习。教师要帮助学生克服学习高中数学时遇到的困难，学校要与家庭协商好，统一思想，加强家校合作的落实度。

五、借助信息技术，提升学生的课堂主体地位

信息技术在高中数学中的应用可以降低讲课的难度，提高学生对教学内容的理解，教师要站在学生的角度来设计教学环节、调整教学方法。信息技术的应用可以提高高中课堂的教学效率，但是信息技术只是辅助，教师讲课要分清主次，还是需要以授课为主。高中数学的逻辑性和推理性很强，学生自己学习数学的时候也要进行有效的提问，要养成一见到题目就能归纳出是哪类题，应该采取哪种方法解答的想法，大脑当中快速反映出解题的

突破口。高中生面临着高考的压力，教师要帮助学生缓解心情，上课尽量运用信息技术活跃课堂气氛。教师不仅要教授学生一种题的解法，还要让学生探索出题目经过变形之后的解法，进一步完成高中数学的学习。

总而言之，随着信息技术的不断发展和创新，越来越多的信息化教学方式涌现在学校课堂的教学中来，而教师通过不断地学习来提升自己的数学思维模式，并将整个教学工作借助于不同的信息化手段来进行教学和交流，从而提高高中生对数学知识的理解。同时，通过借助相关的信息技术，教师还能及时了解学生对于高中数学学习存在怎样的问题，有效地对自己的教学计划进行调整，对学生进行针对性地教学，从而提升学生对高中数学的学习兴趣。

参考文献

[1] 陈威. 信息技术与高中数学课堂教学整合的有效性研究 [D]. 长春：东北师范大学，2010：26.

[2] 单凤美. 高中数学教学方法研究与实践 [M]. 天津：天津科学技术出版社，2018.

[3] 董荣森. 文化、本质、探究、乐趣——对当前高中数学教学中存在问题的认识与思考 [J]. 数学通报，2017（1）：17-21，25.

[4] 范建凤，王敏. 信息化背景下高中数学课堂教学模式探析 [J]. 中国教育技术装备，2018（17）：112.

[5] 苟发安. 新课程背景下高中数学教学方法的创新研究 [J]. 考试周刊，2022（4）：57.

[6] 何建云. 高考改革对高中数学教学的影响与对策 [J]. 教学与管理（中学版），2016（1）：61-63.

[7] 黄伊雯. 浅谈高中数学分层教学 [J]. 新课程研究（上旬），2022（4）：110.

[8] 焦彩珍. 高中数学新课程教学改革存在问题的思考 [J]. 当代教育与文化，2010，2（5）：70-73.

[9] 李保臻，孟彩彩，巩铠玮. 基于深度学习的高中数学教学设计研究 [J]. 教学与管理（中学版），2021（9）：62-64.

[10] 李从海. 新课程背景下高中数学教学方法的创新分析 [J]. 百科论坛电子杂志，2020（11）：988.

[11] 李丽. 基于教育云平台的高中数学课堂教学实践探索 [J]. 中国教育技术装备，2018（5）：47.

[12] 梁玉清，李妍，刘亚军，等. 现代教育信息技术 [M] 合肥：安徽大学出版社，2007.

[13] 龙正武，高存明，王旭刚. 高中数学教材改革的创新与实践 [J]. 课程. 教材. 教法，2020，40（7）：86-91.

[14] 鲁胜利. 新媒体下高中数学教学方法改革探究 [J]. 中国报业，2020（24）：124.

［15］马秀萍．多种信息技术助力高中数学教育教学的实践研究［J］．数理化解题研究，2022（27）：63．

［16］马哲．高中数学教学的几点思考［J］．读与写，2022（34）：115．

［17］孟新录．问题驱动下的高中数学教学模式研究［J］．新课程，2021（31）：64．

［18］潘超．数学有效教学的理论与实践［M］．成都：四川大学出版社，2016．

［19］秦祥军．新课程理念下高中数学作业的设计［J］．当代教育科学，2010（24）：57－58．

［20］宋婷婷．基于信息技术手段辅助高中数学课堂教学研究［D］．哈尔滨：哈尔滨师范大学，2021：7．

［21］孙兴平．高中数学课堂中创新思维的培养［J］．课程教育研究，2019（45）：133．

［22］王翠娜．新课程理念下高中数学课堂有效教学的策略研究［J］．上海教育科研，2010（4）：76-77．

［23］王丰裕．信息技术支持下高中数学课堂教学情境创设研究［D］．石家庄：河北师范大学，2021：52．

［24］王明山．谈高中数学教学结构的优化［J］．中小学教师培训，2015（5）：62-65，66．

［25］王萍．高中数学教科书中的数学思想方法研究［J］．课程教育研究，2016（22）：154．

［26］王小飞．数学建模引入高中数学教学探究［J］．数理化解题研究，2022（21）：2．

［27］邢雅峰．高中数学建模策略研究［J］．高中生数理化（学习研究），2022（5）：3．

［28］徐文健．以信息技术提升高中数学教学效果的路径探析［J］．中国多媒体与网络教学学报（下旬刊），2021（5）：187．

［29］许昱．现代教育技术与高中数学课程资源整合探析［J］．考试周刊，2011（41）：58．

［30］杨广．高中数学教学的现状和发展应用探讨［J］．学周刊，2021（17）：17．

［31］杨维海．高中数学课程与信息技术的整合［M］．北京：光明日报出版社，2018．

［32］杨溢．新课标下高中数学课堂教学策略初探［J］．当代教育论坛，2011（6）：71－73．

［33］张金山．高中数学教学之我见［J］．考试周刊，2012（33）：52．

［34］张廷刚．高中数学有效性教学的构建［J］．数理化解题研究，2022（21）：26．

［35］张婷．新课标下高中数学教学与现代教育技术的整合［J］．科技创新导报，2010（33）：137．

［36］赵晔明．现代教育技术条件下高中数学教学研究［D］．呼和浩特：内蒙古师范大学，2009：27.

［37］周洪．浅谈高中数学教师应具备的几项教学基本技能［J］．人文之友，2020（12）：239.

［38］周西政．普通高中信息技术与课程整合的新探［M］．长春：吉林大学出版社，2019.

［39］周哲多．新课程背景下提高高中数学教学效率的有效方法［J］．科学咨询，2019（35）：123.